CLASSIQUES LAROUSSE

Collection fondée en 1933 par FÉLIX GUIRAND
continuée par
___EALLE (1949 à 1968) et JEAN-POL CAPUT (1969 à 1972)
Agrégés des Lettres

RACINE

BRITANNICUS

tragédie

avec une Notice biographique, une Notice historique et littéraire,
un Lexique, des Notes explicatives, une Documentation thématique,
des Jugements, un Questionnaire et des Sujets de devoirs,

par

JEAN-POL CAPUT
Ancien élève de l'E.N.S. de Saint-Cloud
Agrégé de Lettres modernes

Heather Kingsbury 3-E°

LIBRAIRIE LAROUSSE

17, rue du Montparnasse, 75298 PARIS

RÉSUMÉ CHRONOLOGIQUE DE LA VIE DE RACINE
(1639-1699)

1639 (22 décembre) — Jean Racine, fils de Jean Racine, greffier du grenier à sel et procureur, et de Jeanne Sconin, est tenu sur les fonts baptismaux à La Ferté-Milon par Pierre Sconin, son grand-père maternel, et par Marie des Moulins, sa grand-mère paternelle.

1641 (28 janvier) — Mort de la mère de Racine.

1643 (6 février) — Son père meurt, ne laissant que des dettes; Racine est alors recueilli par sa grand-mère des Moulins, dont la fille Agnès (née en 1626) devait devenir abbesse de Port-Royal sous le nom de Mère Agnès de Sainte-Thècle.

1644-1645 — Le jeune Racine est recueilli à Port-Royal, sur les instances de la Mère Agnès.

1649-1653 — A la mort de son mari, en 1649, Marie des Moulins prend le voile à Port-Royal; Racine est élève aux **Petites Ecoles de Port-Royal.**

1654-1655 — Racine est envoyé au collège de Beauvais.

1655 (octobre) -1658 — Racine est rappelé à l'**école des Granges,** à Port-Royal, où il reçoit une forte **culture grecque,** sous la direction de Lancelot, et **latine,** sous celle de Nicole, tandis que M. Le Maître forme son goût et sa sensibilité littéraires.

1658 (octobre) — Racine va faire une année de logique au collège d'Harcourt à Paris.

1659-1661 — Racine, à Paris, retrouve Nicolas Vitard, cousin germain de son père et secrétaire du duc de Luynes, janséniste austère; il rencontre La Fontaine, avec qui il restera lié. Anxieux de plaire et de réussir, il sollicite les conseils poétiques de Chapelain, de Perrault. Il publie, en 1660, *la Nymphe de la Seine,* ode sur le mariage du roi, qui lui vaut une gratification de cent louis.

1661 — Déçu par le refus de deux pièces de théâtre qu'il vient d'écrire, Racine se rend à **Uzès,** auprès de son oncle, le chanoine Sconin, vicaire général, dans l'espoir d'obtenir un bénéfice ecclésiastique. Il mène une vie austère, s'applique à la dévotion et s'ennuie.

1663 — N'ayant rien obtenu d'important à Uzès, Racine, déçu, revient à Paris, où il compose une ode *Sur la convalescence du roi,* puis *la Renommée aux Muses,* ode qui lui vaudra, deux ans plus tard, de figurer sur la première liste officielle de gratifications pour six cents livres. **Il se lie avec Boileau;** c'est le début d'une longue et sincère amitié.

1664 (20 juin) — *La Thébaïde,* tragédie jouée par Molière au Palais-Royal, sans grand succès, marque les débuts de Racine à la scène.

1665 (4 décembre) — *Alexandre,* tragédie, obtient un vif succès au Palais-Royal (théâtre de Molière); Racine, quelques jours après, la retire et la donne, le 18, à l'Hôtel de Bourgogne. Racine **se brouille avec Molière** et passe pour un froid ambitieux, « capable de tout ».

1666 (janvier) — Racine, ripostant aux *Visionnaires* de Nicole par deux âpres *Lettres* — dont une seule est publiée —, rompt avec Port-Royal. « Racine est maintenant un isolé, entouré de la réprobation générale » (A. Adam).

1667 — Racine fréquente le cercle d'Henriette d'Angleterre; lié à la Du Parc, il fait jouer, le 17 novembre, la tragédie d'*Andromaque.*

1668 (novembre) — *Les Plaideurs,* comédie.

1669 (13 décembre) — *Britannicus,* tragédie. Racine s'oppose à Corneille.

1670 — Racine mène une vie assez agitée. Il fréquente chez Mᵐᵉ de Montespan. Le 21 novembre, sa tragédie, *Bérénice,* est représentée.

1672 (janvier) — *Bajazet,* tragédie.

1673 (janvier) — *Mithridate,* tragédie. Le 12, Racine est reçu à l'Académie française, où cependant le parti des Modernes recueillait la majorité. Il vit dans une confortable aisance.

1674 (18 août) — *Iphigénie en Aulide,* tragédie. La même année, Racine est nommé trésorier de France en la généralité des finances de Moulins : il en touche un traitement considérable, est anobli, sa noblesse étant transmissible. Racine, en rivalité avec Pradon, partisan de Corneille, cabale contre lui avec succès par deux fois.

© *Librairie Larousse,* 1971.   ISBN 2-03-870141-5

1677 (1ᵉʳ janvier) — ***Phèdre,*** tragédie, présentée en même temps qu'une tragédie de Pradon sur le même sujet. Une suite de sonnets, contradictoires et injurieux, circule. Condé apaise difficilement l'affaire.

En même temps, Racine **se réconcilie** officiellement **avec Port-Royal;** sa « conversion » est sincère, certaine, mais sans paraître soudaine : il avait amorcé la réconciliation longtemps auparavant.

Le 30 mai, Racine épouse Catherine de Romanet, riche bourgeoise parisienne, dont il aura sept enfants; Condé, Colbert, le duc de Luynes et plusieurs membres de la famille Lamoignon assistent, comme témoins, à la signature du contrat. En automne de la même année, Racine est nommé **historiographe du roi,** avec Boileau : l'un et l'autre doivent se consacrer tout entiers à leur nouvelle fonction. Il devient également conseiller du roi.

1678 (mars) — Racine et Boileau accompagnent le roi dans sa campagne contre Gand et Ypres. Racine s'introduit parmi les amis de Mᵐᵉ de Maintenon.

1683 — Racine et Boileau accompagnent le roi en Alsace.

1685 (janvier) — Racine, directeur de l'Académie française, reçoit Thomas Corneille, succédant à son frère, et fait l'éloge de Pierre Corneille.

1687 — Racine accompagne le roi au Luxembourg.

1689 (26 janvier) — Première représentation d'***Esther,*** tragédie biblique **commandée par Mᵐᵉ de Maintenon** pour les « demoiselles de Saint-Cyr ».

1690 (décembre) — Racine est nommé « gentilhomme ordinaire du roi », charge qui, en 1693, devient héréditaire par faveur insigne.

1691 (janvier) — Représentation, à Saint-Cyr, d'***Athalie.***

1691-1693 — Racine accompagne le roi aux sièges de Mons et de Namur.

1692 (2 novembre) — Naissance de Louis Racine, septième et dernier enfant de Racine.

1693 — Racine commence l'*Abrégé de l'histoire de Port-Royal.*

1696 (février) — Racine est nommé conseiller-secrétaire du roi.

1697-1698 — Les relations de Racine avec le roi et avec Mᵐᵉ de Maintenon se refroidissent quelque peu, sans que l'on puisse préciser avec certitude la raison et l'importance de cette demi-disgrâce.

1698 (printemps) — Racine tombe malade : les médecins parlent d'une tumeur.

1699 (21 avril) — Mort de Racine. Conformément à son vœu, il est **enterré à Port-Royal.**

1711 (2 décembre) — Les cendres de Racine, ainsi que celles de Pascal, sont transférées à Saint-Etienne-du-Mont.

Racine avait trente-trois ans de moins que Corneille; dix-huit ans de moins que La Fontaine; dix-sept ans de moins que Molière; treize ans de moins que Mᵐᵉ de Sévigné; douze ans de moins que Bossuet; trois ans de moins que Boileau; six ans de plus que La Bruyère; douze ans de plus que Fénelon; dix-huit ans de plus que Fontenelle et trente-six ans de plus que Saint-Simon.

---

	la vie et l'œuvre de Racine	le mouvement intellectuel et artistique	les événements historiques
1639	Naissance de Jean Racine à La Ferté-Milon (22 décembre).	Fr. Mainard : Odes. G. de Scudéry : Eudoxe, tragi-comédie. Vélasquez : Crucifixion.	Paix de Berwick entre l'Écosse et l'Angleterre. Révolte des « va-nu-pieds » en Normandie.
1655	Fréquentation de l'école des Granges, à Port-Royal.	Molière : représentation de l'Étourdi à Lyon. Pascal se retire à Port-Royal-des-Champs (janvier).	Négociations avec Cromwell pour obtenir l'alliance anglaise contre l'Espagne.
1658	Départ de Port-Royal ; une année de logique au collège d'Harcourt.	Arrivée de Molière à Paris ; il occupe la salle du Petit-Bourbon.	Victoire des Dunes sur les Espagnols. Mort d'Olivier Cromwell.
1660	Ode sur la Nymphe de la Seine, pour le mariage de Louis XIV.	Molière : Sganarelle ou le Cocu imaginaire. Quinault : Stratonice (tragédie). Bossuet prêche le carême aux Minimes.	Mariage de Louis XIV et de Marie-Thérèse d'Autriche. Restauration des Stuarts.
1661	Voyage à Uzès.	Molière : l'École des Maris ; les Fâcheux. La Fontaine : Élégie aux nymphes de Vaux.	Mort de Mazarin (8 mars). Arrestation de Fouquet (5 septembre).
1663	Retour à Paris. Odes : la Convalescence du Roi ; la Renommée aux Muses.	Corneille : Sophonisbe. Molière : la Critique de « l'École des femmes ».	Invasion de l'Autriche par les Turcs.
1664	La Thébaïde.	Corneille : Othon. Molière : le Mariage forcé. Interdiction du premier Tartuffe.	Condamnation de Fouquet après un procès de quatre ans.
1665	Alexandre. Brouille avec Molière.	La Fontaine : Contes et Nouvelles. Mort du peintre N. Poussin.	Peste de Londres.
1666	Lettres contre Port-Royal.	Corneille : Agésilas. Molière : le Misanthrope ; le Médecin malgré lui. Boileau : Satires (I à VI). Furetière : le Roman bourgeois. Fondation de l'Académie des sciences.	Alliance franco-hollandaise contre l'Angleterre. Mort d'Anne d'Autriche. Incendie de Londres.
1667	Andromaque.	Corneille : Attila. Milton : le Paradis perdu. Naissance de Swift.	Conquête de la Flandre par les troupes françaises (guerre de Dévolution).

1668	Les Plaideurs.	Molière : Amphitryon ; George Dandin ; l'Avare. La Fontaine : Fables (livres I à VI). Mort du peintre Mignard.	Fin de la guerre de Dévolution : traités de Saint-Germain et d'Aix-la-Chapelle. Annexion de la Flandre.
1669	Britannicus.	Molière : représentation de Tartuffe. Th. Corneille : la Mort d'Annibal. Bossuet : Oraison funèbre d'Henriette de France.	
1670	Bérénice.	Corneille : Tite et Bérénice. Molière : le Bourgeois gentilhomme. Édition des Pensées de Pascal. Mariotte découvre la loi des gaz.	Mort de Madame. Les États de Hollande nomment Guillaume d'Orange capitaine général.
1672	Bajazet.	P. Corneille : Pulchérie. Th. Corneille : Ariane. Molière : les Femmes savantes.	Déclaration de guerre à la Hollande. Passage du Rhin (juin).
1673	Mithridate. Réception à l'Académie française.	Mort de Molière. Premier grand opéra de Lully : Cadmus et Hermione.	Conquête de la Hollande. Prise de Maestricht (29 juin).
1674	Iphigénie en Aulide.	Corneille : Suréna (dernière tragédie). Boileau : Art poétique. Pradon : Pyrame et Thisbé, tragédie. Malebranche : De la recherche de la vérité.	Occupation de la Franche-Comté par Louis XIV. Victoires de Turenne à Entzheim sur les Impériaux, et de Condé à Seneffe, sur les Hollandais.
1677	Phèdre. Nommé historiographe du roi, il renonce au théâtre. Mariage.	Spinoza : Éthique. Newton découvre le calcul infinitésimal et Leibniz le calcul différentiel.	Victoires françaises en Flandre (prise de Valenciennes, Cambrai). Début des négociations de Nimègue.
1683	En Alsace avec le roi et les armées.	Quinault : Phaéton, opéra. Fontenelle : Dialogues des morts. P. Bayle: Pensées sur la comète.	Mort de Colbert. Hostilités avec l'Espagne : invasion de la Belgique par Louis XIV. Victoire de J. Sobieski sur les Turcs.
1689	Esther.	Fénelon, précepteur du duc de Bourgogne. Bossuet : Avertissements aux protestants.	Guerre de la ligue d'Augsbourg : campagne du Palatinat.
1691	Athalie.	Campistron : Tiridate, tragédie. Dancourt : la Parisienne, comédie.	Mort de Louvois. Prise de Nice et invasion du Piémont par les Français.
1699	Mort de Racine (21 avril) à Paris.	Dufresny : Amusements sérieux et comiques. Fénelon : Aventures de Télémaque.	Condamnation du quiétisme.

BIBLIOGRAPHIE SOMMAIRE

Thierry Maulnier	*Racine* (Paris, Gallimard, 1936).
Jacques Scherer	*la Dramaturgie classique en France* (Paris, Nizet, 1950).
Antoine Adam	*Histoire de la littérature française au XVIIe siècle*, tome IV (Paris, Domat, 1954).
Raymond Picard	*la Carrière de Jean Racine* (Paris, Gallimard, 1956).
Lucien Goldmann	*le Dieu caché, Étude sur la vision tragique dans les « Pensées » de Pascal et dans le théâtre de Racine* (Paris, Gallimard, 1956).
Maurice Descotes	*les Grands Rôles du théâtre de Jean Racine* (Paris, P. U. F., 1957).
René Jasinski	*Vers le vrai Racine* (Paris, A. Colin, 1958, 2 vol.).
Philip Butler	*Classicisme et baroque dans l'œuvre de Racine* (Paris, Nizet, 1959).
Marcelle Blum	*le Thème symbolique dans le théâtre de Racine* (Paris, Nizet, 1962-1965, 2 vol.).
Roland Barthes	*Sur Racine* (Paris, Éd. du Seuil, 1963).
Jean-Jacques Roubine	*Lectures de Racine* (Paris, A. Colin, 1971).
Alain Niderst	*Racine et la tragédie classique* (Paris, P. U. F., 1978).
Jean-Louis Backès	*Racine* (Paris, Éd. du Seuil, 1981).

BRITANNICUS
1669

NOTICE

CE QUI SE PASSAIT EN 1669

■ *EN POLITIQUE* : Colbert, contrôleur général des Finances depuis 1665, est nommé secrétaire d'État de la maison du Roi et de la Marine. A l'extérieur, période de paix entre la guerre de Dévolution, terminée par le traité d'Aix-la-Chapelle (mai 1668), et la guerre de Hollande, qui débutera au printemps 1672.

■ *EN LITTÉRATURE* : Boileau publie les Satires VIII et IX avec le Discours sur la satire et l'Epître I. — Boursault écrit la Satire des satires. — La Fontaine publie un roman en prose mêlée de vers : les Amours de Psyché et de Cupidon. — Bossuet prononce l'Oraison funèbre d'Henriette de France, reine d'Angleterre, morte le 10 septembre. — Bourdaloue commence à prêcher à Paris. — Au Théâtre : l'interdiction de jouer le Tartuffe est levée : grand succès de la pièce (5 février). — Représentation de Monsieur de Pourceaugnac (7 octobre), de Molière, et de la Mort d'Hannibal, de Thomas Corneille.

■ *DANS LES ARTS* : Perrin obtient un privilège pour la fondation d'une Académie royale de musique. — Pierre Puget, venu de Gênes sur la demande de Colbert, décore, pour le duc de Beaufort, le vaisseau commandant, le Magnifique. — Rembrandt meurt dans la misère, à Amsterdam, le 8 octobre.

■ *DANS LES SCIENCES* : L'astronome Cassini, appelé par Colbert, quitte Bologne pour venir diriger l'Observatoire de Paris. — Newton est nommé professeur à Cambridge.

REPRÉSENTATION DE « BRITANNICUS »

Après le triomphe d'*Andromaque*, en 1667, les partisans de Corneille avaient déclaré que Racine ne serait jamais que le peintre de l'amour; dans son *Epître au roi*, Corneille notait avec amertume :

« Et la seule tendresse est toujours à la mode. »

Pour répondre à ces réserves sur son talent, Racine écrivit *Britannicus*, tragédie romaine et, dans une certaine mesure, politique, inspirée d'historiens et de moralistes latins.

La seule autre pièce mettant en scène le monde romain qu'il ait faite est *Bérénice*, représentée l'année suivante. La coïncidence de dates qui la rend contemporaine de *Tite et Bérénice,* de Corneille, souligne la rivalité des deux auteurs. Encore convient-il de noter que l'amour tient une place plus large dans *Bérénice* que dans *Britannicus.*

Comment le public, encore fort attaché à Corneille — âgé de soixante-trois ans —, allait-il réagir?

Le 13 décembre 1669, à l'Hôtel de Bourgogne, l'atmosphère de la salle était tendue. Boursault remarquait avec malignité : « Les auteurs qui ont la malice de s'attrouper pour décider souverainement des pièces de théâtre, et qui s'arrangent d'ordinaire sur un banc de l'Hôtel de Bourgogne, qu'on appelle le banc formidable à cause des injustices qu'on y rend, s'étaient dispersés de peur de se faire reconnaître. » Corneille, hostile, occupait, seul, une loge. De plus, le public était clairsemé : on exécutait ce jour-là, sur la place de Grève, le marquis de Courboyer, spectacle qui avait attiré « tout ce que la rue Saint-Denis a de marchands qui se rendent régulièrement à l'Hôtel de Bourgogne pour avoir la première vue de tous les ouvrages qu'on y représente ».

Les jugements, que nous reproduisons page 127, montrent assez la froideur avec laquelle la pièce fut accueillie. C'est à regret que Boursault et quelques autres durent reconnaître que « des connaisseurs en trouvèrent les vers fort épurés ». Il n'y eut que peu de représentations; l'amertume de Racine, sensible dans sa première préface, souligne cet échec.

Bientôt cependant, le roi, puis la Cour, entraînant ces mêmes connaisseurs, revenus de leur sévérité, assurèrent à *Britannicus* un succès légitime. La seconde préface, datant de 1676, témoigne de ce changement. Racine s'apaisait et écoutait les conseils de modération donnés par Boileau. La tragédie poursuivit ensuite une brillante carrière : de 1680 à 1967, elle a eu 1 131 représentations à la Comédie-Française, un peu moins que *Phèdre* et *Andromaque.* Toutefois, quand on compare siècle par siècle le nombre des représentations de *Britannicus* à celui des autres tragédies, de Racine, on s'aperçoit que cette tragédie, jouée 86 fois à la fin du XVIIe siècle, 289 fois de 1701 à 1800, 337 fois de 1801 à 1900, et 413 fois au XXe siècle, suit une progression constante, beaucoup plus nette que pour les autres tragédies.

ANALYSE DE LA PIÈCE

(Les scènes importantes sont indiquées entre parenthèses.)

■ *ACTE PREMIER.* **Les appréhensions d'Agrippine : ébauche d'un complot.** — Agrippine, qui a dépossédé, au profit de son fils Néron (sous le nom duquel elle espère garder le pouvoir), l'héritier légitime du trône, Britannicus, est irritée et inquiète de voir son fils tenter de secouer le joug. Après avoir peu à peu retiré à sa mère ses privilèges, ne vient-il pas de faire enlever Junie, princesse qu'elle destinait à Britannicus ? A la porte de Néron, où elle rôde dès l'aube dans l'espoir d'une explication, Agrippine est arrêtée par Burrhus, soldat loyal et rigide, qu'elle a placé auprès de lui comme gouverneur. Celui-ci justifie son maître et lui-même (scène II). Furieuse de se voir ainsi tenue en échec, Agrippine offre son alliance à Britannicus, que Narcisse, son gouverneur — traître dévoué à Néron —, excite à la résistance. Britannicus accompagne Agrippine chez Pallas, puissant affranchi dévoué aux ordres d'Agrippine.

■ *ACTE II.* **Néron amoureux.** — Alerté et conseillé par Narcisse (scène II), Néron ordonne l'exil de Pallas et médite de répudier sa femme Octavie pour épouser Junie. Mais celle-ci aime Britannicus, ainsi qu'elle l'avoue à Néron dans un entretien (scène III) où, après d'inefficaces galanteries, celui-ci lui communique sa décision : en présence de l'empereur invisible, elle verra Britannicus ; elle lui signifiera son congé ; de l'accueil qu'elle lui fera, dépendra le sort du jeune prince. Guidé par Narcisse, Britannicus survient : éperdue, Junie affecte devant son amant une froideur qui le désespère (scène VI), sans réussir à apaiser la jalousie de Néron.

■ *ACTE III.* **Britannicus contre Néron ; échec du complot.** — Burrhus ne réussit à calmer ni la passion de Néron ni la colère d'Agrippine, qui attribue au précepteur l'exil de Pallas (scène III) et ne renonce pas à unir ses intérêts à ceux de Britannicus. Celui-ci, exalté à l'idée de renverser Néron, est encore plus ardent quand Junie lui apprend qu'elle a dû feindre l'indifférence à cause de la présence invisible de l'empereur, mais qu'elle n'a jamais cessé de l'aimer. Néron, averti par Narcisse, surprend aux pieds de la jeune fille son rival, qui le provoque (scène VIII). Britannicus est arrêté, Junie et Agrippine elle-même gardées à vue, Burrhus molesté.

■ *ACTE IV.* **Ultimes hésitations.** — Agrippine, dans un long plaidoyer-réquisitoire (scène II), somme Néron de se réconcilier avec Britannicus. Celui-ci accepte, mais ce n'est là, de la part de l'empereur, qu'une feinte. Il l'avoue à Burrhus qui, désespéré, trouve, pour empêcher le fratricide, des accents pathétiques (scène III), dont la sincérité ramènerait au bien le monstre encore hésitant, si Narcisse, reprenant son funeste ascendant (scène IV), n'entraînait définitivement Néron au crime.

■ *ACTE V.* **Le crime.** — Tandis que s'apprête le festin de réconciliation, qui consacre son crédit recouvré, Agrippine exprime son orgueilleuse et trop hâtive joie à Junie, que Britannicus avait vainement essayé de rassurer. Burrhus justifie ces appréhensions en venant raconter l'empoisonnement de Britannicus (scène V). Junie se réfugie chez les Vestales ; Narcisse, qui voudrait l'en empêcher, est massacré par la foule, et Néron, maudit par sa mère (scène VI), s'abandonne à un désespoir proche de la folie.

SOURCES ET INTENTIONS DE RACINE

Pour Corneille, la grande tragédie « demande quelque grand intérêt d'Etat, ou quelque passion plus noble et plus mâle que l'amour, telles que sont l'ambition ou la vengeance ». En choisissant dans l'histoire romaine un conflit d'ambition, Racine montrait nettement son intention. Sans doute, l'amour, tel que les pièces de Quinault l'avaient mis alors à la mode, n'est pas absent : le rôle de Junie est une création; l'âge de Britannicus est modifié pour obtenir ce couple romanesque; mais la galanterie est reléguée au second plan.

Si l'intention de Racine est manifeste, il est plus difficile de deviner les motifs qui ont déterminé le poète à choisir précisément, parmi les innombrables sujets que lui offrait l'histoire romaine, celui de la mort de Britannicus. Racine a pu connaître des tragédies françaises qui s'inspiraient déjà de la cruauté de Néron : un médiocre *Britannicus* de Robinet, *la Mort de Sénèque* de Tristan (1644), *la Mort d'Agrippine*, de Cyrano de Bergerac (1653). Mais il était peut-être surtout tentant pour lui d'opposer à l'auteur de *Cinna* l'image d'un empereur qui, comme il le dit lui-même (vers 32), « commence, il est vrai, par où finit Auguste ». Ce qui est certain, c'est que Racine a puisé dans les *Annales* de Tacite (livres XI à XV) non seulement l'essentiel des faits qui forment la trame de la tragédie, mais encore l'esprit dans lequel l'historien latin les traite. Parmi les autres ouvrages qui ont nourri *Britannicus* d'allusions historiques, il faut citer la *Vie des douze Césars*, de Suétone, et l'*Abrégé de l'histoire romaine*, de Florus. Mais Racine avait lu aussi l'*Histoire romaine*, de Coëffeteau (1621), qui avait gardé la réputation légitime d'un ouvrage bien fait. Le traité de Sénèque *Sur la clémence* (dont Corneille avait tiré le sujet de *Cinna*) et la tragédie du même auteur, *Octavie*, ont aussi inspiré certains détails au poète.

« BRITANNICUS » ET L'HISTOIRE

L'action se passe en 55 apr. J.-C.; Néron, qui ne régnait que depuis un an, avait alors, selon l'histoire, 18 ans, Britannicus 14 et Agrippine 39. Mais Narcisse était mort déjà : Agrippine avait fait assassiner, dès l'avènement de Néron, ce personnage gênant, qui avait eu une grande influence sur Claude et était, en fait, un partisan de Britannicus. Junie, chez Tacite, était exilée depuis la mort de son frère Silanus, et il semble que la « vraie » Junie (Junia Calvina) n'ait eu rien de commun, par ses mœurs et par sa conduite, avec la jeune et vertueuse princesse de la tragédie. Racine s'est excusé de ces petites entorses à l'exactitude, dans ses préfaces, pour répondre au rigorisme des « doctes », toujours enclins à reprocher aux poètes de faire la part trop belle à leur propre imagination et de créer ainsi des situations ou des personnages invraisemblables. Racine a beau jeu de donner une réponse qui s'adresse à la fois aux doctes et aux partisans de Corneille, tentés de voir en Racine un moins bon « historien » que le vieux poète : il leur rappelle qu'il y a aussi dans Corneille des personnages inventés, comme Sabine dans *Horace* et Emilie dans *Cinna*. Du même coup, il défend les droits du poète à créer, dans les limites permises par les règles, des personnages de son invention.

En fait, lorsque Racine est infidèle à la lettre, il conserve l'esprit de l'histoire tout en obéissant au principe de concentration, nécessaire à une tragédie classique : ainsi la grande scène de l'acte IV entre Agrippine et Néron est, selon Tacite, postérieure à la mort de Britannicus. Mais les dissensions entre la mère et le fils sont déjà nombreuses auparavant et, psychologiquement, cette explication ne détonne pas là où Racine la place. En créant le couple Britannicus-Junie, Racine lie plus fortement l'action en même temps qu'il obéit aux bienséances : dans l'histoire, en effet, la rivale d'Octavie est une affranchie, Acté.

Britannicus n'est pas une pièce politique, malgré la rivalité de Néron et d'Agrippine pour le pouvoir personnel. Mais la politique, en arrière-plan, donne de la profondeur et de la majesté à ce drame de l'ambition et de la jalousie. L'Empire romain est l'enjeu du conflit : sera-t-il gouverné par un prince juste et bon, capable, comme le souhaiterait Burrhus, de décider lui-même des intérêts de l'État, ou par un empereur timide, incapable de se dégager de la tutelle maternelle? Néron ne sera ni l'un ni l'autre, mais, pour le malheur de l'Empire, un despote sanglant. Une certaine « couleur locale », si l'on peut dire, se crée ainsi grâce aux fréquentes mais discrètes allusions historiques qui jalonnent la pièce et notamment grâce à la tirade d'Agrippine (acte IV, scène II). Il est d'ailleurs possible de se rendre compte de la fidélité de Racine à Tacite grâce aux extraits des *Annales* cités en annexe dans la Documentation thématique. Profitant de la connaissance très précise que les *Annales* de Tacite permettent d'avoir sur toute cette période, le dramaturge reconstitue par une multitude de détails le climat du palais impérial au moment où commence le règne personnel de Néron. Et ce sombre tableau dément l'image glorieuse de la vertu et de la générosité, que les Romains de Corneille paraissent se transmettre de siècle en siècle, d'Horace à Sévère. Racine pouvait prétendre que ses Romains étaient plus vrais que les héros idéalisés de son rival.

L'exactitude des faits ne s'en concilie pas moins chez Racine avec une certaine actualisation des données de l'histoire; non qu'un rapprochement puisse être fait entre les événements de *Britannicus* et un épisode quelconque de l'histoire de France au XVII⁰ siècle. Mais le spectateur de 1669 entrevoit, à travers la Rome du Iᵉʳ siècle, des traits de mœurs qui s'harmonisent avec la civilisation de son temps. Non seulement le sentiment de l'amour, chez Junie et Britannicus, s'exprime en des termes galants qui enchantaient les mondains de l'époque, mais la cour impériale de Rome laisse apparaître, comme en surimpression, l'image de la cour du roi de France. Agrippine est une reine mère abusive, et Burrhus, gouverneur du prince, s'efforce de faire de son élève un monarque absolu, qui ne prenne conseil que de la justice et de la vertu. Si Britannicus apparaît comme un héritier légitime, dépossédé de ses droits au trône, c'est beaucoup plus en vertu des traditions françaises que de l'usage romain : les empereurs, à cette époque, choisissent le plus souvent par adoption leur successeur, et d'Auguste à Néron la transmission du pouvoir ne s'est jamais faite de père en fils (voir *Généalogie des Césars*, page 20). Enfin Narcisse fait penser à ces mauvais conseillers dont l'influence pervertit les meilleurs souverains. Aussi cette tragédie toute romaine n'est point étrangère au spectateur français du temps de Racine.

L'ACTION DANS « BRITANNICUS »

Britannicus a donné son nom à la pièce sans qu'il ait un rôle de premier plan. Le conflit véritable se situe entre Néron et Agrippine. Ce drame violent, inhumain, se place dans une atmosphère de révolution de palais. C'est une tragédie politique dans la mesure où elle peint le combat d'Agrippine et de son fils pour une toute-puissance exclusive. Lutte sans merci, où tous les coups sont permis; c'est en quoi drame privé et drame politique sont inséparables ici. La mort de Britannicus est le premier signe de la disgrâce d'Agrippine : l'unité est donc parfaite.

L'action est simple : Néron avait fait enlever Junie avant que la pièce commence, et, dès le début de la tragédie, le paroxysme est atteint : Agrippine, furieuse du nouvel affront qu'elle vient de subir, veut, dès la première scène du premier acte, reprendre sur Néron l'autorité qu'elle a perdue. Mais cette entrevue, que l'empereur a esquivée le plus longtemps qu'il a pu, se trouve différée jusqu'à l'acte IV (scène II). Entre-temps, les instincts de Néron se sont révélés : en épiant Junie, il est tombé amoureux d'elle (mais n'était-ce pas déjà le motif inconscient de l'enlèvement ?); il a, par cruauté jalouse, espionné l'entretien de Junie et de Britannicus, après l'avoir luimême suscité (acte II, scène VI); sa fureur, lorsqu'il les a surpris à nouveau réunis, mais cette fois contre sa volonté, a provoqué l'arrestation de Britannicus (acte III, scène VIII), première étape vers l'assassinat du jeune prince. Ainsi Néron, que l'on ne connaissait au premier acte que par les commentaires contradictoires d'Agrippine, de Burrhus, d'Albine, de Britannicus, a glissé vers le crime; mais tout semble l'y avoir poussé : par ambition déçue,

Agrippine, découvrant sa politique de bascule, a utilisé Britannicus pour faire pièce à Néron; Burrhus, pour contrecarrer l'ambition d'Agrippine, a justifié l'empereur et s'en est fait ainsi le complice involontaire. Britannicus lui-même, par témérité, s'est laissé entraîner à conspirer contre Néron en songeant beaucoup plus à reconquérir Junie qu'à s'emparer du pouvoir. Aussi, lorsque Agrippine, qui a laissé passer une occasion de morigéner Néron (v. vers 960), tente enfin de lui dicter sa volonté (acte IV, scène II), il est trop tard : la jalousie amoureuse, la peur de retomber sous la tutelle de sa mère ne font que pousser Néron au meurtre de Britannicus; le crime lui apparaît alors comme une nécessité, s'il veut régner seul et rester maître du sort de Junie.

Ainsi l'on s'avance progressivement vers un dénouement qui paraît de plus en plus inéluctable. On peut avoir l'illusion que l'issue fatale sera différée : l'indécision de l'acte IV prend ainsi toute sa valeur, à la fois dramatique et pathétique. Mais les dernières hésitations sont balayées par la vague furieuse des passions qui précipitent un dénouement dont la logique s'impose à l'esprit : c'est en quoi il apparaît comme vraisemblable. Le tragique vient de l'acheminement des personnages vers un destin qui les dépasse et dont ils ne sont que le jouet. L'action, c'est le récit des premiers pas de Néron dans la voie du crime : la jalousie amoureuse et la crainte de la menace que constitue Agrippine convergent bien. Et la prophétie d'Agrippine, à l'acte V, donne un prolongement logique à la tragédie qu'elle situe également au point de vue historique; Britannicus, otage innocent, est le premier obstacle rencontré par le jeune empereur : sa mort ouvre la voie du parricide.

L'action de la pièce est bien conforme à la définition qu'en donnait Racine dans sa première préface (1670) : « Une action simple, chargée de peu de matière, telle que doit être une action qui se passe en un seul jour, et qui, s'avançant par degrés vers sa fin, n'est soutenue que par les intérêts, les sentiments et les passions des personnages. » Le drame, purement psychologique, peut se dérouler en quelques heures. Mais si les caractères sont les seuls moteurs de l'action, le drame ne manque cependant pas de mouvement. Il ne se passe aucun événement marquant entre le lever du rideau et le dénouement, et cependant cette journée tragique, qui voit le déchaînement de passions longtemps contenues, est jalonnée d'entreprises avortées, de décisions exécutées à demi et ensuite rapportées : Agrippine complote chez Pallas sans que la conspiration aboutisse, Néron fait exiler ce même Pallas pour revenir ensuite sur l'ordre donné, Britannicus est arrêté par ordre de l'empereur puis invité à la réconciliation. Comme dans toutes les tragédies de Racine, les hésitations, les atermoiements trahissent l'incapacité des personnages à surmonter leur destin en faisant un choix et en s'y tenant.

LES CARACTÈRES

Les personnages de *Britannicus* évoluent dans un monde où la générosité n'a pas de place : tout n'y est qu'appétits, calculs, voire instincts colorés de prétextes plus élaborés, en sorte que Junie et Britannicus y sont étrangers. Cette situation ne peut se maintenir : ils seront éliminés, victimes d'une société où ils n'ont pas de place. Aucun autre personnage n'est absolument pur.

Néron, « en un mot, c'est ici un monstre naissant, mais qui n'ose encore se déclarer et qui cherche des couleurs à ses méchantes actions ». Il est, au moment où débute la pièce, prédestiné : Agrippine insiste sur son hérédité et dévoile des antécédents inquiétants, dès la première scène; dans la grande scène qui l'oppose à son fils, à l'acte IV, quelques vers désabusés rappellent un enfant déjà pervers (vers 1269-1274). Il ne lutte d'ailleurs pas contre lui-même; il est spontané. Le tragique réside pour le spectateur dans le progrès du mal qui ronge Néron et auquel il s'abandonne sans en être conscient. Ce qui donne des dimensions tragiques à son caractère, c'est sa situation d'empereur, qui lui permet de satisfaire immédiatement tous ses caprices : comment cet adolescent résisterait-il à la tentation du despotisme? Néron est donc en apparence simple : ne se connaissant pas, il s'abandonne et à toutes les influences, comme en témoigne l'acte IV; mais celles qui l'emportent sont celles qui s'harmonisent avec son caractère. Ainsi, les « trois ans de vertu », qui se terminent à la première scène de la pièce, s'expliquent par l'influence de Burrhus, de Sénèque, mais aussi par l'hypocrisie et la peur de Néron :

« Mais de tout l'univers quel sera le langage? »

dit-il encore à Narcisse à l'acte IV. Sans doute trouve-t-on parfois un écho de moralité (vers 502-504); mais c'est là une indication fugitive. Au fond de lui-même, il est d'une cruauté tortueuse qui se plaît à faire souffrir (vers 402). Son langage, aussi varié que son caractère, est instable, reflète la brutalité et la vulgarité dès qu'il ne se contient plus : avec Junie (vers 619) et avec sa mère (vers 1238-1250) qu'il hait parce qu'il en a peur. Car c'est aussi un lâche : il craint, en Burrhus, l'opinion publique. Sa faiblesse éclate à la scène VI de l'acte V : il est écrasé sous le poids des responsabilités qu'il endosse sans avoir même pris l'initiative de ses crimes. Il est d'une vanité puérile, sensible dans le récit de l'enlèvement de Junie, et qui le met à la merci des flatteurs; mais sa susceptibilité le rend redoutable. En « parvenu de l'Empire », il rappelle constamment ses ancêtres. Son ironie, son insolence s'exercent sur les faibles ou, dans ses moments de triomphe, sur Agrippine (à l'acte IV en particulier) : vanité et lâcheté en sont encore la source. Son raffinement de langage, de sentiments reflète sa complexité, d'autant plus difficile à saisir qu'il est — conformément à l'histoire — fier de ses talents de comédien et qu'il se donne à lui-même le spectacle de ses propres passions.

Tous les éléments constitutifs de son caractère facilitent donc le jeu de l'hérédité en lui. Sans doute celle-ci est-elle un aspect de la fatalité, moteur puissant de l'action chez les tragiques grecs qu'affectionnait Racine. L'abdication de sa volonté, l'absence de toute conscience morale chez Néron permettent à ses mauvais instincts de se développer librement. Sa complaisance, plus ou moins inconsciente, les amplifie avec une certaine délectation perverse. Mais aussi les influences extérieures convergent pour pousser Néron à révéler cette fatalité : Narcisse parvient à lui faire prendre conscience du mal sans en être effrayé; en transférant la responsabilité sur lui-même, il ne lui en laisse que la jouissance esthétique. Burrhus même estime nécessaire, pour contrecarrer les intrigues d'Agrippine, de le justifier, par respect du pouvoir impérial. L'amour de Néron pour Junie a une valeur de signe, plus encore qu'il n'est un simple caprice ou un coup de foudre. Et sa lutte contre sa mère est la révélation de l' « impatient Néron », qui sévira dans Rome jusqu'à son lamentable suicide.

A Néron, Racine oppose « l'orgueil et la férocité d'**Agrippine**, enflammée de tous les délires d'un pouvoir malfaisant ». La veuve de Claude est en effet monstrueusement ambitieuse : elle garde la nostalgie du pouvoir suprême et vit dans la crainte croissante d'une disgrâce prochaine. Son égoisme l'a conduite à mettre Néron sur le trône pour régner sous son nom. De là vient sa jalousie contre tout obstacle humain à ce pouvoir (vers 880-890). Son émotion maternelle, le plus souvent, n'est que la fierté qu'elle éprouve devant « l'ouvrage de ses mains ». Son cynisme la pousse à utiliser Britannicus dans son chantage sur Néron et à jouer cruellement avec la vie de son beau-fils. Intrigante expérimentée, elle prévoit avec lucidité l'avenir où s'engage Néron, dans son apostrophe célèbre à son fils (acte V, scène VI). Mais son orgueil, son caractère impulsif causent sa faiblesse. Elle n'a pas de plan d'attaque; tout reste confus (vers 917-925). Son mépris hautain indispose des alliés éventuels, sa vanité l'aveugle et la rend crédule : à la suite de son entretien avec Néron, à l'acte IV, elle garde une assurance tragique jusqu'à l'annonce du crime, qui la surprend et l'atterre. Elle se trompe sur le rôle des conseillers de son fils : elle redoute Burrhus, pourtant désintéressé, sans penser à éloigner Narcisse. Trop sûre d'elle-même, elle est maladroite (acte IV, scène II).

Racine, dans sa seconde préface, écrivait de **Narcisse** : « Cet affranchi avait une conformité merveilleuse avec les vices du prince encore cachés. » Ce « franc scélérat » est d'une intelligence redoutable; son intérêt, qu'il considère uniquement, est de gouverner Néron; adroit et sans scrupules, il amène le prince à exprimer son désir secret de voir ses caprices satisfaits, même au prix d'un crime

qu'il n'ose envisager lucidement : Narcisse lui en montre la nécessité, lui en donne les moyens et le maintient dans son projet. Cette
maïeutique n'est qu'un aspect de l'adresse du personnage, qui a
su capter et retenir la confiance de Britannicus, et même celle d'Agrippine. Doué de beaucoup de psychologie (acte IV, scène IV), il a
l'audace nécessaire, périlleuse, au moment critique, de prendre
des responsabilités (acte V, scène VI). Ce n'est plus un confident,
c'est l' « âme damnée » de Néron, peinte avec un relief extraordinaire. De tous les personnages de la tragédie, c'est le seul qui sache
ce qu'il veut, avec une clairvoyance diabolique.

« J'ai choisi **Burrhus** pour opposer un honnête homme à cette
peste de cour », écrivait encore Racine. Symbole de l'antique vertu
romaine, rigide et, parfois, à la limite du conventionnel, il n'est pas
dénué de noblesse dans sa conception de la discipline : il doit justifier l'empereur, quoi qu'il en pense par ailleurs. Sans doute peut-
on lui reprocher, au début de la pièce, une certaine crédulité; jusqu'à
son entrevue avec Néron, à l'acte IV, il ne désespère pas de maintenir son élève dans le droit chemin. Cependant, il est inquiet dès
le début de l'acte III. En fait, il manque de la souplesse nécessaire
pour réussir contre Narcisse : il est généralement maladroit, sauf
à l'acte IV où il manque gagner Néron à ses prières.

Britannicus est « un jeune prince qui avait beaucoup de cœur,
beaucoup d'amour, beaucoup de franchise » *(seconde Préface)*.
Nul personnage plus que lui n'est aussi complètement sacrifié à
l'économie de la pièce. Il est en quelque sorte le baromètre de la
puissance d'Agrippine; sa mort consacre la « disgrâce d'Agrippine »;
naïf, imprudent, il se heurte brutalement à Néron (acte III, scène VIII)
avec un inutile courage. Sa préciosité, sa subtilité sentimentale ne
l'empêchent pas de nous émouvoir.

Junie nous attache bien davantage. Sa sensibilité extrême en
fait une héroïne pathétique et charmante. Il entre de la pitié dans
sa tendresse pour Britannicus, à qui elle voue un attachement sans
limites. Son tact parfait, sa dignité extrême, qui frappe même Néron
(acte II, scène II), nous touchent, tandis que nous admirons son
courage réfléchi; elle ne craint pas de s'opposer avec une énergie
parfois véhémente à Néron (acte II, scène III), mais elle sait s'effacer
et n'intervenir que pour tenter un apaisement (acte III, scène VIII).
Toute sa finesse (acte II, scène VI) méritait de s'adresser à un inter-
locuteur plus averti. Junie est un personnage très racinien, chez
qui le charme n'exclut pas l'énergie.

LA VÉRITÉ HUMAINE DE « BRITANNICUS »

Le spectateur moderne, moins séduit par les évocations historiques
et les intrigues de cour que les contemporains de Racine, est surtout
sensible à la peinture psychologique dans la tragédie.

Le spectacle des personnages et des passions passe au premier plan. Chez les âmes forcenées, l'ambition, l'amour sont des révélateurs puissants de leur frénésie; certains caractères sont homogènes : tandis que Junie est « toute vertu », Narcisse est l' « âme vile ». En cela, Racine rompt avec le principe qu'il cite souvent « qu'un personnage ne doit être ni tout bon, ni tout méchant ». Mais les plus riches et les plus tragiques sont les personnages comme Néron, où vice et vertu « se combinent tortueusement »[1]. La difficulté d'analyse de ces âmes vient de ce qu'elles agissent par des impulsions instinctives. Aussi n'est-il pas possible que, comme chez Corneille, les personnages se révèlent par des monologues où ils essaient d'atteindre la lucidité. En effet, le heurt se produit entre la violence passionnelle et la faiblesse des caractères, ce qui entraîne deux conséquences : l'incapacité de résister, par manque de volonté et de sens moral, et l'amplification de cette violence lorsqu'un obstacle vient provisoirement l'endiguer ou la contrarier. La fréquence du mot *impatient* trahit cet aspect psychologique. Les personnages, toujours impulsifs, ne sont donc jamais lucides : l'attitude d'Agrippine, à l'acte V, pendant le banquet, le souligne avec une ironie tragique; de même Néron n'est pas conscient de son évolution, car il n'en est pas l'artisan, mais le victime.

De plus, les personnages conservent, par certains aspects, une valeur actuelle. Agrippine, sèche, est l'ambition incarnée, dépourvue de scrupules. C'est aussi une mère autoritaire et abusive. Néron a les réactions d'une âme faible qui cherche à s'affranchir d'une autorité qui contrarie ses caprices et ses mauvais instincts. Burrhus est l'auxiliaire complaisant ou aveugle d'un pouvoir qui cherche à s'affirmer contre des dangers extérieurs : il justifie, en termes de morale, l'attitude de Néron. Narcisse exploite les tares de son maître, en les favorisant ou en les révélant, pour asseoir sa puissance personnelle. Dans un tel milieu, Britannicus est la victime désignée par sa maladresse non moins que par son innocence.

C'est en quoi, si l'on cherche une leçon morale dans cette pièce, l'on peut dire, avec Raymond Picard, que « chez Racine, comme chez Tacite, c'est le réalisme psychologique qui est la véritable forme de la protestation ».

---

1. Raymond Picard, édition du *Théâtre* et des *Poésies* de Jean Racine, p. 394 (Paris, Gallimard, coll. de la Pléiade, 1951).

GÉNÉALOGIE DES CÉSARS

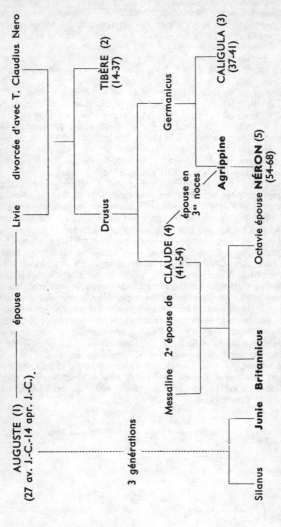

AUGUSTE (I) (27 av. J.-C.-14 apr. J.-C.).

Livie —— épouse —— divorcée d'avec T. Claudius Nero

TIBÈRE (2) (14-37)

Drusus

Germanicus

CALIGULA (3) (37-41)

CLAUDE (4) (41-54) épouse en 3ᵉˢ noces

Agrippine

Octavie épouse NÉRON (5) (54-68)

Messaline 2ᵉ épouse de CLAUDE

Britannicus

3 générations

Silanus

Junie

Les empereurs, en lettres capitales, sont cités avec leur ordre de succession (entre parenthèses) et les dates de leur règne. Les personnages de la pièce sont en caractères gras.

LEXIQUE DU VOCABULAIRE DE RACINE

Nous avons réuni ici un certain nombre de mots du vocabulaire psychologique et moral employés dans Britannicus : les définitions données sont quelquefois extraites des dictionnaires du XVIIe siècle : Dictionnaire de Richelet (1680) = R; Dictionnaire de Furetière (1690) = F; Dictionnaire de l'Académie (1694) = A. Qu'ils aient dans la langue de Racine un sens différent du sens actuel, ou qu'ils aient déjà la même signification qu'aujourd'hui, ces termes peuvent également, par leur fréquence, donner des indications sur les passions et les sentiments dominants de la tragédie. Les mots du lexique sont suivis d'un astérisque dans le texte.

Aigrir : Exaspérer (vers 282, 357, 1201, 1760).

Alarmes : Dangers (vers 592, 791, 1496) et les angoisses qu'ils causent (vers 543, 923, 1556).

Amitié : Affection profonde (vers 81, 634, 1298, 1308); d'où parfois : amour (vers 971); sens actuel (vers 1527).

Charmant : qui ensorcelle (vers 751, 1025, 1306).

Charmer : Ensorceler, fasciner (vers 457, 789).

Charmes : Attraits, mystérieux et irrésistibles, résultant d'une sorte de pouvoir magique (terme du vocabulaire galant) [vers 431, 544, 591, 1495].

Confidence : Confiance (vers 167, 1597).

Coup : « Action hardie et extraordinaire, soit en bien, soit en mal » (R), et événements extraordinaires dus au hasard. Le mot appartient au style noble. (Vers 111, 256, 743, 763, 1464, 1511, 1633, 1658, 1700.)

Désordre : « Trouble, embarras, égarement d'esprit » (A) [vers 124, 1000].

Douleur : Ressentiment, chagrin mêlé de colère (vers 281, 297, 415, 728, 731, 764, 872, 900, 1762), mais aussi sens moderne (vers 613, 706, 1010, 1031, 1374, 1709).

Éclaircir : Dissiper par des explications (avec un complément direct de chose) [vers 740]; « instruire quelqu'un d'une vérité dont il doutait » (A) [vers 1018, 1118]. — *S'éclaircir avec quelqu'un* : s'expliquer avec lui (vers 117).

Enchanteur : Même sens que *charmant* (vers 429).

Ennui : Tourment insupportable (vers 509, 655); violent désespoir (vers 1577, 1721, 1741); sens affaibli dans le vers 1641.

Esprits : Sentiments, cœur, âme (vers 293, 1578).

Étonnement : Stupéfaction (vers 397, 1638).

Étonner : « Causer à l'âme de l'émotion » (F), une violente commotion (vers 321, 377, 506, 603, 1034, 1193, 1739).

Fidèle : Docile, loyal, obéissant (vers 344, 350, 415, 503, 518, 935); qui ne dément pas son caractère (vers 43).

Fidélité : Loyauté (vers 1226, 1669).

Fier : « Cruel, barbare » (A) [vers 36, 393].

Fierté : Cruauté sauvage (vers 38); « se dit de l'état de l'âme d'une femme qui ne se rend pas à l'amour » (Littré) [vers 413]; sens moderne (vers 952, 1594).

Flatter : Donner un espoir, quelquefois fallacieux (vers 248, 550, 927); favoriser (vers 282, 819, 972). — *Se flatter* : espérer (vers 628, 1212); avoir des illusions (vers 635).

Foi : Respect de la parole donnée (vers 816, 1457, 1485, 1525, 1588); d'où : loyauté (vers 513) envers quelqu'un (vers 326, 720, 843, 1736). — *Sur la foi de* : en se fiant à (vers 206, 305).

Fureur : Démence, folle agitation de l'esprit (vers 41, 1316, 1382, 1685, 1704, 1718).

Généreux : « Qui a l'âme grande et noble et qui préfère l'honneur à tout autre intérêt » (F) [vers 21].

Gloire : « Réputation qui procède du mérite d'une personne » (A) [vers 212, 628, 783, 945, 1324, 1332, 1375, 1599]; éclat, splendeur que donnent la grandeur, la puissance (vers 100, 147, 455, 545, 624, 626, 792, 951, 1447, 1492).

Impatience : Impossibilité de se contenir (vers 441, 983).

Impatient : « Qui ne peut souffrir la contrainte » (F) [vers 11, 517, 1564].

Infidèle : En quoi on ne peut avoir confiance (vers 944, 1752).

Infidélité : Ingratitude (vers 1202).

Injure : Outrage, injustice subie (vers 108, 299, 903, 1208, 1692).

Injurieux : Outrageant (vers 852).

Inquiet : Qui ne peut être en repos, ou laisser en repos (vers 287, 377, 484, 968, 1007).

Inquiétude : Agitation (vers 1760).

Irriter : « Exciter, rendre plus vif et plus fort » (F) [vers 89, 418, 509, 833, 856, 1083, 1241, 1285]. — *S'irriter* : devenir plus vif (vers 1685).

Misérable : Malheureux (vers 760).

Misère : Malheur (vers 247, 296, 324, 1552).

Occuper : Absorber totalement (vers 8, 405, 710, 806, 975, 1175); sens moderne (vers 882, 960).

Préoccupé : Persuadé à l'avance, sans preuves (vers 251).

Prévenu : Pris de soucis préconçus (vers 115, 1539).

Pudeur : Gêne, embarras (vers 967).

Séduire : Détourner, par tromperie souvent (vers 184, 364, 914, 1136, 1537).

Soin : Attachement à une personne, et ses manifestations (vers 285, 465, 518, 600, 889, 1271, 1276, 1397); activité, effort déployés en vue de la réalisation d'un projet (vers 27, 73, 352, 805, 913, 1012, 1181, 1197, 1224, 1393, 1412, 1572, 1584); d'où : soucis (vers 591, 633, 986).

Soupirs : Expression d'un amour passionné (vers 404, 553, 966, 1001, 1497).

Superbe : « Orgueilleux » (A) [vers 494].

Tendresse : Affection à l'égard d'un membre de sa famille (vers 463, 807, 887, 1132, 1171, 1179, 1271).

Tourment : Torture morale (vers 1003).

Tourmenter : Torturer (sens figuré : vers 754).

Transports : Manifestations extérieures des passions de l'âme (vers 765, 829, 1025, 1500, 1515, 1559, 1614, 1765).

Traverser : « Empêcher de faire quelque chose en suscitant des obstacles » (A) [vers 1041].

Triste : Funeste (appliqué à une chose) [vers 99, 328, 528, 1705]; sombre, farouche (appliqué à une personne) [vers 36, 83, 271, 387, 1501, 1724].

Tristesse : Humeur sombre et farouche (vers 379).

À MONSEIGNEUR

LE DUC DE CHEVREUSE[1]

Monseigneur,

Vous serez peut-être étonné de voir votre nom à la tête de cet ouvrage. Et si je vous avais demandé la permission de vous l'offrir, je doute si je l'aurais obtenue. Mais ce serait être en quelque sorte ingrat que de cacher plus longtemps au monde les bontés dont vous m'avez toujours honoré. Quelle apparence qu'un homme qui ne travaille que pour la gloire se puisse taire d'une protection aussi glorieuse que la vôtre ?

Non, Monseigneur, il m'est trop avantageux que l'on sache que mes amis mêmes ne vous sont pas indifférents, que vous prenez part[2] à tous mes ouvrages, et que vous m'avez procuré l'honneur de lire celui-ci devant un homme dont toutes les heures sont précieuses[3]. Vous fûtes témoin avec quelle pénétration d'esprit il jugea de l'économie[4] de la pièce, et combien l'idée qu'il s'est formée d'une excellente tragédie est au-delà de tout ce que j'en ai pu concevoir.

Ne craignez pas, Monseigneur, que je m'engage plus avant, et que, n'osant le louer en face, je m'adresse à vous pour le louer avec plus de liberté. Je sais qu'il serait dangereux de le fatiguer de ses louanges ; et j'ose dire que cette même modestie, qui vous est commune avec lui, n'est pas un des moindres liens qui vous attachent l'un à l'autre.

La modération n'est qu'une vertu ordinaire, quand elle ne se rencontre qu'avec des qualités ordinaires. Mais qu'avec toutes les qualités et du cœur et de l'esprit, qu'avec un jugement qui, ce me semble, ne devrait être le fruit que de l'expérience de plusieurs années, qu'avec mille belles connaissances que vous ne sauriez cacher à vos amis particuliers, vous ayez encore cette sage retenue que tout le monde admire en vous, c'est sans doute une vertu rare en un siècle où l'on fait vanité des moindres choses. Mais je me laisse emporter insensiblement à la tentation de parler de vous ; il faut qu'elle soit bien violente, puisque je n'ai pu y résister dans une lettre où je n'avais autre dessein que de vous témoigner avec combien de respect je suis,

Monseigneur,

Votre très humble et très obéissant serviteur,

RACINE

---

1. Racine avait connu dès sa jeunesse cet ancien élève de Port-Royal (1646-1712) ; 2. *Prendre part* : s'intéresser à ; 3. Colbert, beau-père du duc de Chevreuse ; 4. *Economie* : ordre dans l'agencement.

PREMIÈRE PRÉFACE
(1670)

De tous les ouvrages que j'ai donnés au public, il n'y en a point qui m'ait attiré plus d'applaudissements ni plus de censeurs que celui-ci. Quelque soin que j'aie pris pour travailler cette tragédie, il semble qu'autant que je me suis efforcé de la rendre bonne, autant de certaines gens se sont efforcés de la décrier. Il n'y a point de cabale qu'ils n'aient faite, point de critique dont ils ne se soient avisés. Il y en a qui ont pris même le parti de Néron contre moi. Ils ont dit que je le faisais trop cruel. Pour moi, je croyais que le nom seul de Néron faisait entendre quelque chose de plus que cruel. Mais peut-être qu'ils raffinent sur son histoire et veulent dire qu'il était honnête homme dans ses premières années. Il ne faut qu'avoir lu Tacite pour savoir que, s'il a été quelque temps un bon empereur, il a toujours été un très méchant homme. Il ne s'agit pas dans ma tragédie des affaires du dehors. Néron est ici dans son particulier et dans sa famille. Et ils me dispenseront de leur rapporter tous les passages qui pourraient bien aisément leur prouver que je n'ai point de réparation à lui faire.

D'autres ont dit, au contraire, que je l'avais fait trop bon. J'avoue que je ne m'étais pas formé l'idée d'un bon homme en la personne de Néron. Je l'ai toujours regardé comme un monstre. Mais c'est ici un monstre naissant. Il n'a pas encore mis le feu à Rome. Il n'a pas tué sa mère, sa femme, ses gouverneurs. A cela près, il me semble qu'il lui échappe assez de cruautés pour empêcher que personne ne le méconnaisse[1].

Quelques-uns ont pris l'intérêt de Narcisse, et se sont plaints que j'en eusse fait un très méchant homme et le confident de Néron. Il suffit d'un passage pour leur répondre. « Néron, dit Tacite, porta[2] impatiemment la mort de Narcisse, parce que cet affranchi avait une conformité merveilleuse avec les vices du prince encore cachés : *cujus abditis adhuc vitiis mire congruebat*[3]. »

Les autres se sont scandalisés que j'eusse choisi un homme aussi jeune que Britannicus pour le héros d'une tragédie. Je leur ai déclaré[4], dans la préface d'*Andromaque*, le sentiment d'Aristote sur le héros de la tragédie, et que, bien loin d'être parfait, il faut toujours qu'il ait quelque imperfection. Mais je leur dirai encore ici qu'un jeune prince de dix-sept ans, qui a beaucoup de cœur, beaucoup d'amour, beaucoup de franchise et beaucoup de crédu-

---

1. *Ne le méconnaisse* : ne se trompe sur lui; 2. *Porter* : supporter; 3. Tacite (*Annales*, XIII, 1); 4. *Déclarer* : expliquer clairement.

lité, qualités ordinaires d'un jeune homme, m'a semblé très capable d'exciter la compassion. Je n'en veux pas davantage.

« Mais, disent-ils, ce prince n'entrait que dans sa quinzième année lorsqu'il mourut; on les fait vivre, lui et Narcisse, deux ans plus qu'ils n'ont vécu. » Je n'aurais point parlé de cette objection, si elle n'avait été faite avec chaleur par un homme qui s'est donné la liberté de faire régner vingt ans un empereur qui n'en a régné que huit[1]; quoique ce changement soit bien plus considérable dans la chronologie, où l'on suppute les temps par les années des empereurs.

Junie ne manque pas non plus de censeurs. Ils disent que d'une vieille coquette, nommée Junia Silana[2], j'en ai fait une jeune fille très sage. Qu'auraient-ils à me répondre si je leur disais que cette Junie est un personnage inventé, comme l'Émilie de *Cinna*, comme la Sabine d'*Horace*? Mais j'ai à leur dire que, s'ils avaient bien lu l'histoire, ils y auraient trouvé une Junia Calvina, de la famille d'Auguste, sœur de Silanus à qui Claudius avait promis Octavie. Cette Junie était jeune, belle, et, comme dit Sénèque, *festivissima omnium puellarum*[3]. Elle aimait tendrement son frère; et leurs ennemis, dit Tacite, « les accusèrent tous deux d'inceste, quoiqu'ils ne fussent coupables que d'un peu d'indiscrétion »[4]. Si je la représente plus retenue qu'elle n'était, je n'ai pas ouï dire qu'il nous fût défendu de rectifier les mœurs d'un personnage, surtout lorsqu'il n'est pas connu.

L'on trouve étrange qu'elle paraisse sur le théâtre après la mort de Britannicus. Certainement la délicatesse[5] est grande de ne pas vouloir qu'elle dise en quatre vers assez touchants qu'elle passe chez Octavie. « Mais, disent-ils, cela ne valait pas la peine de la faire revenir[6], un autre l'aurait pu raconter pour elle. » Ils ne savent pas qu'une des règles du théâtre est de ne mettre en récit que les choses qui ne se peuvent passer en action; et que tous les anciens font venir souvent sur la scène des acteurs qui n'ont autre chose à dire, sinon qu'ils viennent d'un endroit, et qu'ils s'en retournent en un autre.

« Tout cela est inutile, disent mes censeurs : la pièce est finie au récit de la mort de Britannicus, et l'on ne devrait point écouter le reste. » On l'écoute pourtant, et même avec autant d'attention qu'aucune fin de tragédie. Pour moi, j'ai toujours compris que la tragédie étant l'imitation d'une action complète, où plusieurs personnes concourent, cette action n'est point finie que l'on ne sache en quelle situation elle laisse ces mêmes personnes. C'est

---

1. Corneille, dans *Héraclius*, prolongea de douze ans le règne de Phocas; 2. *Junia Silana* : amie d'Agrippine, puis sa dénonciatrice; 3. « La plus enjouée de toutes les jeunes filles »; 4. Tacite (*Annales*, XII, 4); 5. *Délicatesse* : excès de scrupule; 6. Racine supprima, en fait, cette courte scène entre Junie et Néron, située après la scène v de l'acte V.

ainsi que Sophocle en use presque partout. C'est ainsi que, dans l'*Antigone*, il emploie autant de vers à représenter la fureur d'Hémon et la punition de Créon après la mort de cette princesse[1] que j'en ai employé aux imprécations d'Agrippine, à la retraite de Junie, à la punition de Narcisse, et au désespoir de Néron, après la mort de Britannicus.

Que faudrait-il faire pour contenter des juges si difficiles? La chose serait aisée, pour peu qu'on voulût trahir le bon sens. Il ne faudrait que s'écarter du naturel pour se jeter dans l'extraordinaire. Au lieu d'une action simple, chargée de peu de matière, telle que doit être une action qui se passe en un seul jour, et qui, s'avançant par degrés vers sa fin, n'est soutenue que par les intérêts, les sentiments et les passions des personnages, il faudrait remplir cette même action de quantité d'incidents qui ne se pourraient passer qu'en un mois, d'un grand nombre de jeux de théâtre, d'autant plus surprenants qu'ils seraient moins vraisemblables, d'une infinité de déclamations où l'on ferait dire aux acteurs tout le contraire de ce qu'ils devraient dire. Il faudrait, par exemple, représenter quelque héros ivre[2] qui se voudrait faire haïr de sa maîtresse de gaieté de cœur, un Lacédémonien grand parleur[3], un conquérant qui ne débiterait que des maximes d'amour[4], une femme qui donnerait des leçons de fierté à des conquérants[5]. Voilà sans doute de quoi faire récrier[6] tous ces messieurs. Mais que dirait cependant le petit nombre de gens sages auxquels je m'efforce de plaire? De quel front oserais-je me montrer, pour ainsi dire, aux yeux de ces grands hommes de l'antiquité que j'ai choisis pour modèles? Car, pour me servir de la pensée d'un ancien[7], voilà les véritables spectateurs que nous devons nous proposer; et nous devons sans cesse nous demander : « Que diraient Homère et Virgile s'ils lisaient ces vers? que dirait Sophocle, s'il voyait représenter cette scène? » Quoi qu'il en soit, je n'ai point prétendu empêcher qu'on ne parlât contre mes ouvrages. Je l'aurais prétendu inutilement. *Quid de te alii loquantur ipsi videant*, dit Cicéron, *sed loquentur tamen*[8].

Je prie seulement le lecteur de me pardonner cette petite préface que j'ai faite pour lui rendre raison[9] de ma tragédie. Il n'y a rien de plus naturel que de se défendre quand on se croit injustement attaqué. Je vois que Térence même semble n'avoir fait des prologues que pour se justifier contre les critiques d'un vieux poète malintentionné[10], *malevoli veteris poetæ*, et qui venait briguer des

---

1. Antigone, malgré les ordres de Créon, avait enseveli son frère Polynice; elle fut condamnée à être enterrée vive par Créon, dont le fils, Hémon, fiancé d'Antigone, se suicida; 2. Attila; 3. Agésilas; 4. César dans la *Mort de Pompée*; 5. Cornélie, dans la même pièce; 6. *Récrier :* se récrier (d'admiration); 7. *Un ancien :* Longin (*Traité du sublime*, XII); 8. « Comment d'autres parleront de toi, c'est à eux de le voir; mais de toute façon ils parleront » (*la République*, VI, 16); 9. *Rendre raison de :* justifier; 10. Pour Térence : Luscius de Lanuvium; pour Racine : Corneille, spectateur malveillant de la première de *Britannicus*.

voix contre lui jusqu'aux heures où l'on représentait ses comédies.

.... Occœpta est agi;
Exclamat, etc.[1]

On me pouvait faire une difficulté qu'on ne m'a point faite. Mais ce qui est échappé aux spectateurs pourra être remarqué par les lecteurs. C'est que je fais entrer Junie dans les Vestales, où, selon Aulu-Gelle[2], on ne recevait personne au-dessous de six ans, ni au-dessus de dix. Mais le peuple prend ici Junie sous sa protection; et j'ai cru qu'en considération de sa naissance, de sa vertu et de son malheur, il pouvait la dispenser de l'âge prescrit par les lois, comme il a dispensé de l'âge pour le consulat tant de grands hommes qui avaient mérité ce privilège.

Enfin je suis très persuadé qu'on me peut faire bien d'autres critiques, sur lesquelles je n'aurais d'autre parti à prendre que celui d'en profiter à l'avenir. Mais je plains fort le malheur d'un homme qui travaille pour le public. Ceux qui voient le mieux nos défauts sont ceux qui les dissimulent le plus volontiers. Ils nous pardonnent les endroits qui leur ont déplu, en faveur de ceux qui leur ont donné du plaisir. Il n'y a rien, au contraire, de plus injuste qu'un ignorant. Il croit toujours que l'admiration est le partage des gens qui ne savent rien. Il condamne toute une pièce pour une scène qu'il n'approuve pas. Il s'attaque même aux endroits les plus éclatants, pour faire croire qu'il a de l'esprit. Et pour peu que nous résistions à ses sentiments[3], il nous traite de présomptueux, qui ne veulent croire personne, et ne songe pas qu'il tire quelquefois plus de vanité d'une critique fort mauvaise, que nous n'en tirons d'une assez bonne pièce de théâtre :

Homine imperito nunquam quidquam injustius[4].

─────────

1. « On commence à jouer, il s'écrie, etc. » (l'*Eunuque*, Prologue, vers 22 et 23); 2. Dans les *Nuits attiques* ; 3. *Sentiments* : jugements; 4. « Il n'y a jamais rien de plus injuste qu'un incapable » (Térence, *les Adelphes*, vers 99).

───── QUESTIONS ─────

● Sur l'ensemble de la première Préface. — Plan détaillé de cette préface; indiquez-en le ton. Quelle est la portée de l'appel à Aristote, au quatrième paragraphe? Montrez la portée générale des critiques du dernier paragraphe contre Corneille. Que pensez-vous de l'objection sur l'âge des Vestales, à l'avant-dernier paragraphe?

Phot. Giraudon.

STATUE DITE DE BRITANNICUS

Cette statue romaine du musée du Louvre ne représente sans doute pas
Britannicus. Mais elle représente un enfant avec sa bulle d'or, à peu près à
l'âge où Britannicus fut assassiné.

AGRIPPINE

Marbre romain.

Musée du Capitole.

SECONDE PRÉFACE
(1676)

Voici celle de mes tragédies que je puis dire que j'ai le plus travaillée. Cependant j'avoue que le succès ne répondit pas d'abord à mes espérances. A peine elle parut sur le théâtre, qu'il s'éleva quantité de critiques qui semblaient la devoir détruire. Je crus moi-même que sa destinée serait à l'avenir moins heureuse que celle de mes autres tragédies. Mais enfin il est arrivé de cette pièce ce qui arrivera toujours des ouvrages qui auront quelque bonté[1]. Les critiques se sont évanouies; la pièce est demeurée. C'est maintenant celle des miennes que la cour et le public revoient le plus volontiers. Et si j'ai fait quelque chose de solide, et qui mérite quelque louange, la plupart des connaisseurs demeurent d'accord que c'est ce même *Britannicus*.

A la vérité, j'avais travaillé sur des modèles qui m'avaient extrêmement soutenu dans la peinture que je voulais faire de la cour d'Agrippine et de Néron. J'avais copié mes personnages d'après le plus grand peintre de l'Antiquité, je veux dire d'après Tacite. Et j'étais alors si rempli de la lecture de cet excellent historien, qu'il n'y a presque pas un trait éclatant dans ma tragédie dont il ne m'ait donné l'idée. J'avais voulu mettre dans ce recueil un extrait des plus beaux endroits que j'ai tâché d'imiter; mais j'ai trouvé que cet extrait tiendrait presque autant de place que la tragédie. Ainsi le lecteur trouvera bon que je le renvoie à cet auteur, qui aussi bien est entre les mains de tout le monde; et je me contenterai de rapporter ici quelques-uns de ses passages sur chacun des personnages que j'introduis sur la scène.

Pour commencer par Néron, il faut se souvenir qu'il est ici dans les premières années de son règne, qui ont été heureuses, comme l'on sait. Ainsi il ne m'a pas été permis de le représenter aussi méchant qu'il l'a été depuis. Je ne le représente pas non plus comme un homme vertueux; car il ne l'a jamais été. Il n'a pas encore tué sa mère, sa femme, ses gouverneurs; mais il a en lui les semences de tous ces crimes. Il commence à vouloir secouer le joug. Il les hait les uns et les autres, et il leur cache sa haine sous de fausses caresses : *factus natura velare odium fallacibus blanditiis*[2]. En un mot, c'est ici un monstre naissant, mais qui

---

1. *Bonté* : valeur; 2. « Naturellement doué pour voiler sa haine sous des caresses trompeuses » (Tacite, *Annales*, XIV, 56).

n'ose encore se déclarer, et qui cherche des couleurs[1] à ses méchantes actions : *hactenus Nero flagitiis et sceleribus velamenta quæsivit*[2]. Il ne pouvait souffrir Octavie, princesse d'une bonté et d'une vertu exemplaires, *fato quodam, an quia prævalent illicita ; metuèbaturque ne in stupra feminarum illustrium prorumperet*[3].

Je lui donne Narcisse pour confident. J'ai suivi en cela Tacite, qui dit que Néron porta[4] impatiemment la mort de Narcisse, parce que cet affranchi avait une conformité merveilleuse avec les vices du prince encore cachés : *cujus abditis adhuc vitiis mire congruebat*[5]. Ce passage prouve deux choses. Il prouve et que Néron était déjà vicieux, mais qu'il dissimulait ses vices, et que Narcisse l'entretenait dans ses mauvaises inclinations.

J'ai choisi Burrhus pour opposer un honnête homme à cette peste de cour; et je l'ai choisi plutôt que Sénèque. En voici la raison. Ils étaient tous deux gouverneurs de la jeunesse de Néron, l'un pour les armes, l'autre pour les lettres; et ils étaient fameux, Burrhus pour son expérience dans les armes et pour la sévérité de ses mœurs, *militaribus curis et severitate morum*[6] ; Sénèque pour son éloquence et le tour agréable de son esprit, *Seneca præceptis eloquentiæ et comitate honesta*[7]. Burrhus, après sa mort, fut extrêmement regretté à cause de sa vertu : *civitati grande desiderium ejus mansit per memoriam virtutis*[8].

Toute leur peine était de résister à l'orgueil et à la férocité d'Agrippine, *quæ, cunctis malæ dominationis cupidinibus flagrans, habebat in partibus Pallantem*[9]. Je ne dis que ce mot d'Agrippine; car il y aurait trop de choses à en dire. C'est elle que je me suis surtout efforcé de bien exprimer, et ma tragédie n'est pas moins la disgrâce d'Agrippine que la mort de Britannicus. Cette mort fut un coup de foudre pour elle; et « il parut, dit Tacite, par sa frayeur et par sa consternation, qu'elle était aussi innocente de cette mort qu'Octavie; Agrippine perdait en lui sa dernière espérance, et ce crime lui en faisait craindre un plus grand : *sibi supremum auxilium ereptum, et parricidii exemplum intelligebat*[10] ».

L'âge de Britannicus était si connu, qu'il ne m'a pas été permis de le représenter autrement que comme un jeune prince qui avait beaucoup de cœur, beaucoup d'amour et beaucoup de franchise, qualités ordinaires d'un jeune homme. Il avait quinze ans, et on dit qu'il avait beaucoup d'esprit, soit qu'on dise vrai, ou que ses malheurs aient fait croire cela de lui, sans qu'il ait pu en donner

---

1. *Couleurs :* prétextes; 2. « Jusqu'alors Néron chercha à voiler débauches et crimes » (Tacite, *Annales*, XIII, 47); 3. « ... par une sorte de fatalité ou par le prestige du fruit défendu; et il était à craindre qu'il ne se mit à débaucher des femmes illustres » (Tacite, *Annales*, XIII, 12); 4. *Porter :* supporter; 5. Cette citation (*Annales*, XIII, 1) et les suivantes sont traduites d'avance dans le texte de Racine; 6. *Annales*, XIII, 2; 7. *Annales*, XIII, 2; 8. *Annales*, XIV, 51; 9. « Qui, enflammée de tous les délires d'un pouvoir malfaisant, avait mis Pallas dans ses intérêts » (*Annales*, XIII, 2); 10. *Annales*, XIII, 16.

des marques : *neque segnem ei fuisse indolem ferunt ; sive verum, seu periculis commendatus retinuit famam sine experimento*[1].

Il ne faut pas s'étonner s'il n'a auprès de lui qu'un aussi méchant homme que Narcisse. Car il y avait longtemps qu'on avait donné ordre qu'il n'y eût auprès de Britannicus que des gens qui n'eussent ni foi ni honneur : *nam, ut proximus quisque Britannico neque fas neque fidem pensi haberet olim provisum erat*[2].

Il me reste à parler de Junie. Il ne la faut pas confondre avec une vieille coquette qui s'appelait Junia Silana[3]. C'est ici une autre Junie, que Tacite appelle Junia Calvina, de la famille d'Auguste, sœur de Silanus à qui Claudius avait promis Octavie. Cette Junie était jeune, belle, et, comme dit Sénèque, *festivissima omnium puellarum*[4]. Son frère et elle s'aimaient tendrement ; et leurs ennemis, dit Tacite, « les accusèrent tous deux d'inceste, quoiqu'ils, ne fussent coupables que d'un peu d'indiscrétion ». Elle vécut jusqu'au règne de Vespasien.

Je la fais entrer dans les Vestales, quoique, selon Aulu-Gelle, on n'y reçût jamais personne au-dessous de six ans ni au-dessus de dix. Mais le peuple prend ici Junie sous sa protection, et j'ai cru qu'en considération de sa naissance, de sa vertu et de son malheur, il pouvait la dispenser de l'âge prescrit par les lois, comme il a dispensé de l'âge pour le consulat tant de grands hommes qui avaient mérité ce privilège.

---

1. *Annales*, XII, 26; 2. Tacite (*Annales*, XIII, 15); 3. *Junia Silana* : voir première Préface, p. 26; 4. Voir note 3, p. 26.

──────── **QUESTIONS** ────────

● SUR L'ENSEMBLE DE LA SECONDE PRÉFACE. — Comparez le plan et le ton des deux préfaces. Que reste-t-il de la première dans celle-ci? En quoi la seconde est-elle, pour nous, plus riche d'intérêt? Qu'apportent les citations de Tacite? Sous quel jour nouveau se présente l'objection que Racine imagine à propos des Vestales?

PERSONNAGES[1]

NÉRON, empereur, fils d'Agrippine.

BRITANNICUS, fils de l'empereur Claudius et de Messaline.

AGRIPPINE, veuve de Domitius Ænobarbus, père de Néron, et, en secondes noces, veuve de l'empereur Claudius.

JUNIE, amante de Britannicus.

BURRHUS, gouverneur de Néron.

NARCISSE, gouverneur de Britannicus.

ALBINE, confidente d'Agrippine.

GARDES.

La scène est à Rome, dans une chambre du palais de Néron.

---

1. Floridor, de son vrai nom Josias de Joulas, premier acteur de l'Hôtel de Bourgogne depuis 1643, qui avait joué dans *Andromaque* le rôle de Pyrrhus, interprétait ici *Néron*. Brécourt, ancien comédien de la troupe de Molière, jouait *Britannicus*. Mlle des Œillets (1621-1670), qui avait joué *Hermione*, interprétait le rôle d'*Agrippine*. Mlle d'Ennebaut jouait *Junie*; Lafleur, *Burrhus*; Hauteroche, *Narcisse*.

BRITANNICUS

ACTE PREMIER

SCÈNE PREMIÈRE. — AGRIPPINE, ALBINE.

ALBINE

Quoi! tandis que Néron s'abandonne au sommeil,
Faut-il que vous veniez attendre son réveil?
Qu'errant dans le palais sans suite et sans escorte[1],
La mère de César veille seule à sa porte?
5 Madame, retournez dans votre appartement.

AGRIPPINE

Albine, il ne faut pas s'éloigner un moment.
Je veux l'attendre ici. Les chagrins qu'il me cause
M'occuperont* assez tout le temps qu'il repose.
Tout ce que j'ai prédit n'est que trop assuré.
10 Contre Britannicus Néron s'est déclaré.
L'impatient* Néron cesse de se contraindre;
Las de se faire aimer, il veut se faire craindre.
Britannicus le gêne[2], Albine, et chaque jour
Je sens que je deviens importune à mon tour.

ALBINE

15 Quoi! vous à qui Néron doit le jour qu'il respire?
Qui l'avez appelé de si loin à l'empire?

---

1. *Suite :* ses dames de compagnie; *escorte :* ses gardes; 2. *Gêner :* torturer.

QUESTIONS ───────────────

● VERS 1-5. A quel moment de la journée sommes-nous? (Comparez
avec *Iphigénie*, I, I.) A quel endroit du palais se situe la scène? Qu'y
a-t-il déjà là d'exceptionnel, sinon encore d'inquiétant, dans ce début?
● VERS 6-14. Relevez ce qu'Agrippine nous apprend d'angoissant sur
le caractère et les préoccupations actuelles de Néron. Importance des
vers 13-14 pour amorcer l'action de la tragédie.

Vous qui, déshéritant le fils de Claudius,
Avez nommé César l'heureux Domitius[1]?
Tout lui parle, Madame, en faveur d'Agrippine :
20 Il vous doit son amour.

AGRIPPINE

Il me le doit, Albine.
Tout, s'il est généreux*, lui prescrit cette loi;
Mais tout, s'il est ingrat, lui parle contre moi.

ALBINE

S'il est ingrat, Madame? Ah! toute sa conduite
Marque dans son devoir une âme trop instruite.
25 Depuis trois ans entiers, qu'a-t-il dit, qu'a-t-il fait
Qui ne promette à Rome un empereur parfait?
Rome, depuis deux ans[2] par ses soins* gouvernée,
Au temps de ses consuls croit être retournée :
Il la gouverne en père. Enfin Néron naissant
30 A toutes les vertus d'Auguste vieillissant.

AGRIPPINE

Non, non, mon intérêt[3] ne me rend point injuste :
Il commence, il est vrai, par où finit Auguste;
Mais crains que, l'avenir détruisant le passé,
Il ne finisse ainsi qu'Auguste a commencé[4].
35 Il se déguise en vain. Je lis sur son visage
Des fiers* Domitius[5] l'humeur triste* et sauvage.

---

1. Avant d'être adopté par Claude (voir IV, II, vers 1146-1147), Néron s'appelait comme son père, Domitius Ænobarbus; 2. *Deux ans* : erreur historique; à la mort de Britannicus, Néron ne régnait que depuis un an; 3. *Mon intérêt* : ce qui m'intéresse dans cette affaire; 4. Le règne d'Octave Auguste commença par des proscriptions; on ne peut lire ce vers sans se rappeler le monologue d'Auguste (acte IV, scène II) dans *Cinna*, de Corneille; 5. *Domitius* : la barbarie de son grand-père et la cruauté foncière, souvent gratuite, de son père, furent célèbres.

———— QUESTIONS ————

● Vers 15-30. Quels renseignements importants pour l'exposition apportent les deux répliques d'Albine? La comparaison avec Auguste (vers 30-32) ne pouvait-elle rappeler au spectateur de 1669 une tragédie antérieure, très célèbre?

Il mêle avec l'orgueil qu'il a pris dans leur sang
La fierté* des Nérons[1] qu'il puisa dans mon flanc.
Toujours la tyrannie a d'heureuses prémices[2] :
40 De Rome, pour un temps, Caïus[3] fut les délices;
Mais, sa feinte bonté se tournant en fureur*,
Les délices de Rome en devinrent l'horreur.
Que m'importe, après tout, que Néron, plus fidèle*,
D'une longue vertu laisse un jour le modèle?
45 Ai-je mis dans sa main le timon de l'État
Pour le conduire[4] au gré du peuple et du sénat?
Ah! que de la patrie il soit, s'il veut, le père;
Mais qu'il songe un peu plus qu'Agrippine est sa mère.
De quel nom cependant pouvons-nous appeler
50 L'attentat que le jour vient de nous révéler?
Il sait, car leur amour[5] ne peut être ignorée,
Que de Britannicus Junie est adorée :
Et ce même Néron que la vertu conduit
Fait enlever Junie au milieu de la nuit.
55 Que veut-il? Est-ce haine, est-ce amour, qui l'inspire?
Cherche-t-il seulement le plaisir de leur nuire?
Ou plutôt n'est-ce point que sa malignité
Punit sur eux l'appui que je leur ai prêté?

ALBINE

Vous, leur appui, Madame?

----

1. *Les Nérons* : la famille de Claude et d'Agrippine; 2. *Prémices* : ici, commencements; 3. *Caïus* : fils de Germanicus, devint empereur (37-41) et succéda à Tibère sous le nom de Caligula. Il devint un fou sanguinaire. (Voir Généalogie des Césars, p. 20); 4. *Pour le conduire* : pour qu'il le conduise; 5. *Amour* : féminin et masculin, au singulier, sont encore concurrents au XVIIᵉ siècle.

──────── QUESTIONS ────────

● VERS 31-58. Néron, convergence de tares héréditaires : quelle est la part qui revient à chaque branche de son ascendance? Les indices de l'évolution du « monstre naissant », d'après Agrippine. — Comment Agrippine (vers 43-48) voudrait-elle voir Néron gouverner? Définissez ses buts politiques. — Qu'y a-t-il d'inquiétant dans ce qu'Agrippine nous apprend (vers 49-54)? La tragédie, qui commence, est-elle purement politique? — Les traits du caractère d'Agrippine qui sont révélés par cette tirade. — Dégagez l'évolution du ton, en en soulignant l'articulation : le mouvement est-il logique ou passionnel? Sur quel ton Agrippine reprend-elle les expressions mêmes d'Albine?

AGRIPPINE

                    Arrête, chère Albine.
60 Je sais que j'ai moi seule avancé leur ruine ;
    Que du trône, où le sang[1] l'a dû[2] faire monter,
    Britannicus par moi s'est vu précipiter.
    Par moi seule éloigné de l'hymen d'Octavie,
    Le frère de Junie abandonna la vie.
65 Silanus[3], sur qui Claude avait jeté les yeux,
    Et qui comptait Auguste au rang de ses aïeux.
    Néron jouit de tout ; et moi, pour récompense[4],
    Il faut qu'entre eux et lui je tienne la balance,
    Afin que quelque jour, par une même loi,
70 Britannicus la tienne entre mon fils et moi.

ALBINE

Quel dessein !

AGRIPPINE

            Je m'assure un port dans la tempête.
    Néron m'échappera, si ce frein ne l'arrête.

ALBINE

Mais prendre contre un fils tant de soins* superflus !

AGRIPPINE

Je le craindrais bientôt, s'il ne me craignait plus.

ALBINE

75 Une injuste frayeur vous alarme peut-être.
    Mais si Néron pour vous n'est plus ce qu'il doit être,
    Du moins son changement ne vient pas jusqu'à nous,
    Et ce sont des secrets entre César et vous.
    Quelques titres nouveaux que Rome lui défère,

---

1. *Sang* : origine familiale ; 2. *A dû* : aurait dû ; 3. *Silanus* : frère de Junie, arrière-petit-fils d'Auguste. Fiancé à Octavie, sœur de Britannicus, il dut renoncer à elle, Agrippine la donnant en mariage à Néron. Il se tua le jour du mariage d'Octavie. (Voir Généalogie des Césars, p. 20) ; 4. *Pour récompenser* : en compensation.

─────── QUESTIONS ───────

● Vers 60-74. Les antécédents d'Agrippine. Quelle opinion a-t-elle d'elle-même ?

80 Néron n'en reçoit point qu'il ne donne à sa mère;
Sa prodigue amitié* ne se réserve rien :
Votre nom est dans Rome aussi saint que le sien;
A peine parle-t-on de la triste* Octavie.
Auguste votre aïeul honora moins Livie[1].
85 Néron devant sa mère a permis le premier
Qu'on portât les faisceaux couronnés de laurier[2].
Quels effets voulez-vous de sa reconnaissance?

AGRIPPINE

Un peu moins de respect, et plus de confiance.
Tous ces présents, Albine, irritent* mon dépit :
90 Je vois mes honneurs croître et tomber mon crédit.
Non, non, le temps n'est plus que Néron, jeune encore,
Me renvoyait les vœux d'une cour qui l'adore,
Lorsqu'il se reposait sur moi de tout l'État,
Que mon ordre au palais assemblait le sénat,
95 Et que, derrière un voile, invisible et présente,
J'étais de ce grand corps l'âme toute-puissante.
Des volontés de Rome alors mal assuré,
Néron de sa grandeur n'était point enivré.
Ce jour, ce triste* jour, frappe encor ma mémoire,
100 Où Néron fut lui-même ébloui de sa gloire*,
Quand les ambassadeurs de tant de rois divers
Vinrent le reconnaître au nom de l'univers.
Sur son trône avec lui j'allais prendre ma place.
J'ignore quel conseil prépara ma disgrâce;
105 Quoi qu'il en soit, Néron, d'aussi loin qu'il me vit,
Laissa sur son visage éclater son dépit.
Mon cœur même en conçut un malheureux augure.
L'ingrat, d'un faux respect colorant son injure*,
Se leva par avance, et, courant m'embrasser,
110 Il m'écarta du trône où je m'allais placer.

---

1. *Livie* : dernière femme d'Auguste, profondément aimée par l'empereur; il adopta son fils Tibère. C'est elle qui apparaît dans *Cinna*, de Corneille. (Voir Généalogie des Césars, p. 20); 2. Honneur normalement réservé aux généraux vainqueurs.

--- QUESTIONS ---

● Vers 75-87. Les arguments d'Albine pour calmer Agrippine sont-ils fondés sur des faits réels? Albine, simple Romaine, a-t-elle une conception juste du rang qu'Agrippine doit tenir dans l'État?

Depuis ce coup* fatal le pouvoir d'Agrippine,
Vers sa chute, à grands pas, chaque jour s'achemine[1].
L'ombre seule m'en reste, et l'on n'implore plus
Que le nom de Sénèque[2] et l'appui de Burrhus.

ALBINE

115 Ah! si de ce soupçon votre âme est prévenue*,
Pourquoi nourrissez-vous le venin qui vous tue?
Daignez avec César vous éclaircir* du moins.

AGRIPPINE

César ne me voit plus, Albine, sans témoins.
En public, à mon heure, on me donne audience.
120 Sa réponse est dictée, et même son silence.
Je vois deux surveillants, ses maîtres et les miens,
Présider l'un ou l'autre à tous nos entretiens.
Mais je le poursuivrai d'autant plus qu'il m'évite.
De son désordre*, Albine, il faut que je profite.
125 J'entends du bruit; on ouvre. Allons subitement
Lui demander raison de cet enlèvement.
Surprenons, s'il se peut, les secrets de son âme.
Mais quoi! déjà Burrhus sort de chez lui?

----

1. Voir Tacite (*Annales*, XIII, 5); 2. *Sénèque* (2-66) : philosophe stoïcien, précepteur de Néron (voir, seconde Préface, p. 30, les raisons pour lesquelles Racine n'a pas fait intervenir le personnage).

──────── **QUESTIONS** ────────

● Vers 88-114. Comparez ce passage avec le texte de Tacite cité note 1 (cf. Doc. thématique). — Agrippine évoque des souvenirs au lieu de démontrer la dégradation de son pouvoir; quelle forme d'esprit cela révèle-t-il chez elle? — En étudiant le vocabulaire, montrez comment le passé (vers 91-98) se colore en comparaison du présent (vers 100-114). Quelle est la part de lucidité et d'inconscience dans son ambition? — Le ton de cette tirade est-il aussi exalté que les répliques précédentes? Que révèle cette accalmie, au moins apparente?

● Vers 115-128. Etudiez et justifiez l'évolution du ton d'Agrippine; comment se complète encore ici l'analyse de son caractère?

● Sur l'ensemble de la scène première. — Intérêt de cette présentation indirecte de Néron (voir Molière : *le Tartuffe*). Pourquoi est-ce habile d'avoir employé Agrippine à cet effet? Sommes-nous sûrs que Néron est un empereur indigne et un fils ingrat?

— Dans quelle mesure les événements connus jusqu'ici contiennent-ils les éléments d'une tragédie possible? Montrez la solidité des renseignements historiques qui fondent l'exposition.

Scène II. — AGRIPPINE, BURRHUS, ALBINE.

BURRHUS

                              Madame,
Au nom de l'Empereur j'allais vous informer
130 D'un ordre qui d'abord a pu vous alarmer,
Mais qui n'est que l'effet d'une sage conduite
Dont César a voulu que vous soyez instruite.

AGRIPPINE

Puisqu'il le veut, entrons : il m'en instruira mieux.

BURRHUS

César pour quelque temps s'est soustrait à nos yeux.
135 Déjà, par une porte au public moins connue,
L'un et l'autre consul[1] vous avaient prévenue[2],
Madame. Mais souffrez que je retourne exprès...

AGRIPPINE

Non, je ne trouble point ses augustes secrets.
Cependant voulez-vous qu'avec moins de contrainte
140 L'un et l'autre une fois nous nous parlions sans feinte ?

BURRHUS

Burrhus pour le mensonge eut toujours trop d'horreur...

---

1. *Consuls* : ils sont élus par les Comices sous Auguste, puis par le Sénat au temps de Tibère. Déjà sous le Haut-Empire, le consul n'a plus d'autorité, mais il préside le Sénat et conserve sa juridiction gracieuse. Il devient proconsul à sa sortie de charge. Le consulat, malgré la forte réduction de ses pouvoirs, reste une magistrature brillante et très recherchée ; 2. *Prévenir* : devancer.

———— QUESTIONS ————

● Vers 128-140. Soulignez la continuité, sur le plan technique, avec la scène précédente. Montrez que Burrhus, conscient de la situation très délicate, se sent mal à l'aise. Le refus de Néron de recevoir Agrippine était-il imprévu ? Modifie-t-il les impressions laissées par la première scène ?
● Vers 141. Comment le caractère de Burrhus transparaît-il dans ce jugement qu'il porte sur lui-même ?

AGRIPPINE

Prétendez-vous longtemps me cacher l'Empereur?
Ne le verrai-je plus qu'à titre d'importune?
Ai-je donc élevé si haut votre fortune
145 Pour mettre[1] une barrière entre mon fils et moi?
Ne l'osez-vous laisser un moment sur sa foi[2]?
Entre Sénèque et vous disputez-vous la gloire*
A qui m'effacera plus tôt de sa mémoire?
Vous l'ai-je confié pour en faire un ingrat?
150 Pour être[3] sous son nom les maîtres de l'État?
Certes, plus je médite, et moins je me figure
Que vous m'osiez compter pour votre créature,
Vous dont j'ai pu[4] laisser vieillir l'ambition
Dans les honneurs obscurs de quelque légion[5],
155 Et moi qui sur le trône ai suivi mes ancêtres,
Moi, fille, femme, sœur et mère de vos maîtres[6].
Que prétendez-vous donc? Pensez-vous que ma voix
Ait fait un empereur pour m'en imposer[7] trois?
Néron n'est plus enfant. N'est-il pas temps qu'il règne?
160 Jusqu'à quand voulez-vous que l'Empereur vous craigne?
Ne saurait-il rien voir, qu'il n'emprunte vos yeux?
Pour se conduire enfin n'a-t-il pas ses aïeux?
Qu'il choisisse, s'il veut, d'Auguste ou de Tibère;
Qu'il imite, s'il peut, Germanicus, mon père.
165 Parmi tant de héros je n'ose me placer;
Mais il est des vertus que je lui puis tracer :
Je puis l'instruire au moins combien sa confidence*
Entre un sujet et lui doit laisser de distance.

---

1. *Pour mettre :* pour que vous mettiez; 2. *Le laisser sur sa foi :* le laisser se fier à lui-même; 3. *Pour être :* pour que vous soyez; 4. *J'ai pu :* j'aurais pu; 5. C'est Agrippine qui fit du tribun militaire Burrhus un chef des cohortes prétoriennes; 6. Elle était *fille* de Germanicus, *femme* de Claude, *sœur* de Caligula et *mère* de Néron. (Voir Généalogie des Césars, p. 20); 7. *Pour m'imposer :* pour qu'on m'impose.

QUESTIONS

● VERS 142-168. Les différentes accusations d'Agrippine à l'égard de Burrhus : quel est son reproche fondamental? Comment le ton d'Agrippine se modifie-t-il à partir du vers 159? — Ces reproches d'une « reine mère » au gouverneur de son fils pouvaient-ils prendre quelque actualité pour les spectateurs de 1669, du moins s'ils se souvenaient de faits relativement récents dans l'histoire de France?

BURRHUS

Je ne m'étais chargé dans cette occasion
170 Que d'excuser César d'une seule action;
Mais puisque, sans vouloir que je le justifie,
Vous me rendez garant du reste de sa vie,
Je répondrai, Madame, avec la liberté[1]
D'un soldat qui sait mal farder la vérité.
175 Vous m'avez de César confié la jeunesse,
Je l'avoue, et je dois m'en souvenir sans cesse.
Mais vous avais-je fait serment de le trahir?
D'en faire un empereur qui ne sût qu'obéir?
Non. Ce n'est plus à vous qu'il faut que j'en réponde.
180 Ce n'est plus votre fils, c'est le maître du monde.
J'en dois compte, Madame, à l'empire romain,
Qui croit voir son salut ou sa perte en ma main.
Ah! si dans l'ignorance il le fallait instruire,
N'avait-on que Sénèque et moi pour le séduire*?
185 Pourquoi de sa conduite éloigner les flatteurs?
Fallait-il dans l'exil[2] chercher des corrupteurs?
La cour de Claudius, en esclaves fertile,
Pour deux que l'on cherchait en eût présenté mille,
Qui tous auraient brigué l'honneur de l'avilir :
190 Dans une longue enfance ils l'auraient fait vieillir.
De quoi vous plaignez-vous, Madame? On vous révère.
Ainsi que par César, on jure par sa mère.
L'Empereur, il est vrai, ne vient plus chaque jour
Mettre à vos pieds l'empire et grossir votre cour.
195 Mais le doit-il, Madame? et sa reconnaissance
Ne peut-elle éclater que dans sa dépendance?
Toujours humble, toujours le timide Néron
N'ose-t-il être Auguste et César que de nom?
Vous le dirai-je enfin? Rome le justifie.
200 Rome, à trois affranchis[3] si longtemps asservie,
A peine respirant du joug qu'elle a porté,
Du règne de Néron compte sa liberté.
Que dis-je? la vertu semble même renaître.

---

1. *Liberté* : franchise; 2. Allusion à Sénèque, exilé en Corse par Messaline, rappelé par Agrippine, qui fit de lui le précepteur de Néron; 3. *Trois affranchis* : Pallas, Narcisse et Calliste, affranchis de Claude (voir vers 187).

Tout l'Empire n'est plus la dépouille[1] d'un maître.
205 Le peuple au Champ de Mars nomme ses magistrats;
César nomme les chefs sur la foi* des soldats;
Thraséas au sénat, Corbulon[2] dans l'armée,
Sont encore innocents, malgré leur renommée;
Les déserts[3], autrefois peuplés de sénateurs,
210 Ne sont plus habités que par leurs délateurs.
Qu'importe que César continue à nous croire,
Pourvu que nos conseils ne tendent qu'à sa gloire*;
Pourvu que, dans le cours d'un règne florissant
Rome soit toujours libre, et César tout-puissant?
215 Mais, Madame, Néron suffit pour se conduire.
J'obéis, sans prétendre à l'honneur de l'instruire.
Sur ses aïeux, sans doute, il n'a qu'à se régler;
Pour bien faire, Néron n'a qu'à se ressembler :
Heureux si ses vertus, l'une à l'autre enchaînées,
220 Ramènent tous les ans ses premières années!

AGRIPPINE

Ainsi, sur l'avenir n'osant vous assurer[4],
Vous croyez que sans vous Néron va s'égarer.
Mais vous qui, jusqu'ici content de votre ouvrage,
Venez de ses vertus nous rendre témoignage,
225 Expliquez-nous pourquoi, devenu ravisseur,
Néron de Silanus fait enlever la sœur.

---

1. *Dépouille* : butin; 2. Thraséas, stoïcien, et Corbulon, bon général, futures victimes de Néron; 3. *Déserts* : lieux de déportation (Corse, Sardaigne); 4. *S'assurer sur* : faire confiance à.

--- **QUESTIONS** ---

● Vers 169-220. Composition de cette tirade : Burrhus répond point par point aux reproches d'Agrippine. — Comment Racine utilise-t-il ici l'histoire romaine? Comparez-le à Corneille sur ce point. — Le jugement de Burrhus sur l'heureux début du règne de Néron concorde-t-il avec celui d'Albine dans la scène première? Mais comment le spectateur, qui connaît la fin du règne de Néron, interprète-t-il les vers 206-210? — Quel est l'argument suprême de Burrhus? Peut-il toucher Agrippine?
● Vers 221-222. En quoi cette réponse d'Agrippine tombe-t-elle à faux?
● Vers 223-234. Pourquoi Agrippine reprend-elle ici l'avantage sur Burrhus? Par quels arguments se donne-t-elle le droit de prendre la défense de Junie?

Ne tient-il qu'à marquer de cette ignominie
Le sang de mes aïeux qui brille dans Junie?
De quoi l'accuse-t-il? et par quel attentat
230 Devient-elle en un jour criminelle d'État,
Elle qui, sans orgueil jusqu'alors élevée,
N'aurait point vu Néron s'il ne l'eût enlevée,
Et qui même aurait mis au rang de ses bienfaits
L'heureuse liberté de ne le voir jamais?

BURRHUS

235 Je sais que d'aucun crime elle n'est soupçonnée,
Mais jusqu'ici César ne l'a point condamnée,
Madame; aucun objet ne blesse ici ses yeux :
Elle est dans un palais tout plein de ses aïeux.
Vous savez que les droits[1] qu'elle porte avec elle
240 Peuvent de son époux faire un prince rebelle;
Que le sang de César ne se doit allier
Qu'à ceux à qui César le veut bien confier;
Et vous-même avoûrez[2] qu'il ne serait pas juste
Qu'on disposât sans lui de la nièce[3] d'Auguste.

AGRIPPINE

245 Je vous entends[4] : Néron m'apprend par votre voix
Qu'en vain Britannicus s'assure sur mon choix.
En vain, pour détourner ses yeux de sa misère*,
J'ai flatté* son amour d'un hymen qu'il espère :
A ma confusion, Néron veut faire voir
250 Qu'Agrippine promet par-delà son pouvoir.
Rome de ma faveur est trop préoccupée* :

---

1. Bien que descendante d'Auguste, Junie n'a, selon la loi romaine, aucun droit; les empereurs romains, à l'exemple d'Auguste, choisissent par adoption leur successeur; 2. Licence orthographique justifiée par la prosodie; 3. *Nièce :* descendante (*neveu* et *nièce* peuvent désigner les petits-enfants dans la langue classique, d'où, par extension, les descendants); 4. *Entendre :* comprendre.

QUESTIONS

● Vers 235-244. Burrhus est-il convaincant? Ce droit, pour le souverain, d'imposer à une princesse de la famille régnante un mari de son choix, pouvait-il paraître légitime aux spectateurs de 1669? Mais est-on sûr que ce soit le motif de l'enlèvement de Junie?

Il veut par cet affront qu'elle soit détrompée,
Et que tout l'univers apprenne avec terreur
A ne confondre plus mon fils et l'Empereur.
255 Il le peut. Toutefois j'ose encore lui dire
Qu'il doit avant ce coup* affermir son empire;
Et qu'en me réduisant à la nécessité
D'éprouver[1] contre lui ma faible autorité,
Il expose la sienne, et que dans la balance
260 Mon nom peut-être aura plus de poids qu'il ne pense.

BURRHUS

Quoi, Madame! toujours soupçonner son respect?
Ne peut-il faire un pas qui ne vous soit suspect?
L'Empereur vous croit-il du parti de Junie?
Avec Britannicus vous croit-il réunie[2]?
265 Quoi! de vos ennemis devenez-vous l'appui
Pour trouver un prétexte à vous plaindre de lui?
Sur le moindre discours[3] qu'on pourra vous redire,
Serez-vous toujours prête à partager[4] l'Empire?
Vous craindrez-vous sans cesse, et vos embrassements
270 Ne se passeront-ils qu'en éclaircissements?
Ah! quittez d'un censeur[5] la triste* diligence[6];
D'une mère facile affectez l'indulgence;
Souffrez quelques froideurs sans les faire éclater[7],
Et n'avertissez point la cour de vous quitter[8].

AGRIPPINE

275 Et qui s'honorerait de l'appui d'Agrippine,

---

1. *Eprouver* : faire l'expérience de; 2. *Réunie* : réconciliée; 3. *Discours* : propos;
4. *Partager* : diviser en partis opposés; 5. *Censeur* : magistrat romain chargé de la
surveillance des mœurs; 6. *Diligence* : zèle; 7. « Sans les rendre éclatantes »;
8. « N'allez pas, en attirant l'attention sur vous, déterminer la cour à vous quitter. »

——— QUESTIONS ———

● Vers 245-260. Montrez que la logique d'Agrippine ne se laisse entamer par aucune des réponses de Burrhus. Quelle passion soutient
Agrippine jusqu'à la conclusion à laquelle elle devait inévitablement
parvenir? — Importance, pour sa tactique, du mot *balance*, au vers 259,
employé pour la deuxième fois (voir vers 68).
● Vers 261-274. Le ton de Burrhus : comment considère-t-il Agrippine
ici? Sur quoi termine-t-il, au vers 274?

Lorsque Néron lui-même annonce ma ruine?
Lorsque de sa présence il semble me bannir?
Quand Burrhus à sa porte ose me retenir?

BURRHUS

Madame, je vois bien qu'il est temps de me taire,
280 Et que ma liberté[1] commence à vous déplaire.
La douleur* est injuste, et toutes les raisons
Qui ne la flattent* point aigrissent* ses soupçons.
Voici Britannicus. Je lui cède ma place,
Je vous laisse écouter et plaindre sa disgrâce[2],
285 Et peut-être, Madame, en accuser les soins*
De ceux que l'Empereur a consultés le moins.

Scène III. — AGRIPPINE, BRITANNICUS,
NARCISSE, ALBINE.

AGRIPPINE

Ah, Prince! où courez-vous? Quelle ardeur inquiète*
Parmi vos ennemis en aveugle vous jette?
Que venez-vous chercher?

BRITANNICUS

Ce que je cherche? Ah dieux!

1. *Liberté* : voir vers 173 et la note; 2. *Disgrâce* : infortune.

─────── **QUESTIONS** ───────

● Vers 275-278. En quoi cette réplique démontre-t-elle qu'Agrippine n'a rien abandonné de l'état d'esprit qu'elle avait au début de la scène? Montrez la progression de ces quatre vers.
● Vers 279-286. Tout en gardant un ton déférent, Burrhus n'affirme-t-il pas sa supériorité sur Agrippine? Le double intérêt des deux derniers vers : montrez qu'ils constituent un avertissement aux spectateurs; qu'ils expriment des doutes à peine voilés sur un personnage qui accompagne Britannicus et dont le comportement est suspect.

● Sur l'ensemble de la scène ii. — Quels éléments de la situation sont précisés par cette scène et qu'apprend-elle de nouveau?
— Portrait de Burrhus : montrez que son caractère peut expliquer partiellement l'échec de l'éducation de Néron.
— Quels nouveaux traits du caractère d'Agrippine apparaissent? Vous est-elle sympathique?

290 Tout ce que j'ai perdu, Madame, est en ces lieux.
De mille affreux soldats Junie environnée
S'est vue en ce palais indignement traînée.
Hélas! de quelle horreur ses timides esprits*
A ce nouveau[1] spectacle auront été surpris!
295 Enfin on me l'enlève. Une loi trop sévère
Va séparer deux cœurs qu'assemblait leur misère*.
Sans doute on ne veut pas que, mêlant nos douleurs*,
Nous nous aidions l'un l'autre à porter nos malheurs.

AGRIPPINE

Il suffit. Comme vous je ressens vos[2] injures* :
300 Mes plaintes ont déjà précédé vos murmures[3];
Mais je ne prétends pas qu'un impuissant courroux
Dégage ma parole et m'acquitte envers vous.
Je ne m'explique point. Si vous voulez m'entendre[4],
Suivez-moi chez Pallas, où je vais vous attendre.

Scène IV. — BRITANNICUS, NARCISSE.

BRITANNICUS

305 La croirai-je, Narcisse? et dois-je sur sa foi*
La prendre pour arbitre entre son fils et moi?
Qu'en dis-tu? N'est-ce pas cette même Agrippine
Que mon père épousa jadis pour ma ruine,
Et qui, si je t'en crois, a de ses derniers jours,
310 Trop lents pour ses desseins, précipité le cours[5]?

---

1. *Nouveau* : extraordinaire; 2. *Vos* : celles que vous subissez; 3. *Murmures* : protestations, reproches; 4. *Entendre* : comprendre; 5. Agrippine l'empoisonna avec des champignons préparés par Locuste (Tacite, *Annales*, XII, 66-67).

───── QUESTIONS ─────

● Sur la scène III. — Intérêt de cette scène pour l'action. Quelle impression laisse Britannicus, dès cette première apparition? Précisez le contraste de ton entre les deux personnages. L'attitude de Narcisse pendant toute la scène.

● Vers 305-310. Quel trait de caractère se révèle ici chez Britannicus? Sa méfiance se justifie-t-elle? Comment se complète ici notre impression sur le climat qui règne dans le palais impérial?

NARCISSE

N'importe. Elle se sent comme vous outragée;
A vous donner Junie, elle s'est engagée :
Unissez vos chagrins¹; liez vos intérêts.
Ce palais retentit en vain de vos regrets :
315 Tandis² qu'on vous verra d'une voix suppliante
Semer ici la plainte et non pas l'épouvante,
Que vos ressentiments se perdront en discours,
Il n'en faut point douter, vous vous plaindrez toujours.

BRITANNICUS

Ah, Narcisse! tu sais si de la servitude
320 Je prétends faire encore une longue habitude;
Tu sais si pour jamais, de ma chute étonné*,
Je renonce à l'Empire où j'étais destiné.
Mais je suis seul encor. Les amis de mon père
Sont autant d'inconnus que glace ma misère*;
325 Et ma jeunesse même écarte loin de moi
Tous ceux qui dans le cœur me réservent leur foi*.
Pour moi, depuis un an qu'un peu d'expérience
M'a donné de mon sort la triste* connaissance,
Que vois-je autour de moi, que³ des amis vendus
330 Qui sont de tous mes pas les témoins assidus,
Qui, choisis par Néron pour ce commerce infâme,
Trafiquent avec lui des secrets de mon âme?
Quoi qu'il en soit, Narcisse, on me vend tous les jours :
Il prévoit mes desseins, il entend mes discours;
335 Comme toi, dans mon cœur il sait ce qui se passe.
Que t'en semble, Narcisse?

NARCISSE

                    Ah! quelle âme assez basse...
C'est à vous de choisir des confidents discrets,
Seigneur, et de ne pas prodiguer vos secrets.

---

1. *Chagrins* : mécontentements; 2. *Tandis que* : tant que; 3. *Que* : sinon.

=== QUESTIONS ===

● Vers 311-318. Quelle première image a-t-on du caractère de Narcisse d'après ces conseils? Son intention au vers 318.
● Vers 319-335. Cherchez ce qui explique ou excuse les faiblesses de Britannicus. Intérêt dramatique et tragique du vers 335.
● Vers 336-338. Comment compléter la pensée du vers 336? Sur quelle équivoque est construite cette réplique de Narcisse?

BRITANNICUS

BRITANNICUS

Narcisse, tu dis vrai. Mais cette défiance
340 Est toujours d'un grand cœur la dernière science :
On le trompe longtemps. Mais enfin je te croi[1],
Ou plutôt je fais vœu de ne croire que toi.
Mon père, il m'en souvient, m'assura de ton zèle.
Seul de ses affranchis tu m'es toujours fidèle* ;
345 Tes yeux, sur ma conduite, incessamment ouverts,
M'ont sauvé jusqu'ici de mille écueils couverts[2].
Va donc voir si le bruit de ce nouvel orage
Aura de nos amis excité le courage.
Examine leurs yeux, observe leurs discours ;
350 Vois si j'en puis attendre un fidèle* secours.
Surtout dans ce palais remarque avec adresse
Avec quel soin* Néron fait garder la Princesse.
Sache si du péril ses beaux yeux sont remis,
Et si son entretien[3] m'est encore permis.
355 Cependant de Néron je vais trouver la mère
Chez Pallas, comme toi l'affranchi de mon père.
Je vais la voir, l'aigrir*, la suivre, et, s'il se peut,
M'engager sous son nom plus loin qu'elle ne veut.

---

1. *Croi* : licence poétique, justifiable étymologiquement, et qui n'est possible alors qu'à la rime ; 2. *Couverts* : cachés ; 3. *Son entretien* : un entretien avec elle.

─────── **QUESTIONS** ───────

● VERS 339-358. Le vocabulaire et le rythme de cette tirade. Que contient-elle de pathétique ? Quelle poésie se dégage du langage de Britannicus ? — N'y a-t-il pas de la naïveté dans la décision de Britannicus (vers 358) ? Dans quel genre de tragédie semble-t-on s'engager ?

● SUR L'ENSEMBLE DE LA SCÈNE IV. — Définissez les grands traits psychologiques de Britannicus.
— En quoi Narcisse apparaît-il déjà inquiétant ? Paraît-il cependant déloyal ? Sur quel ton parle-t-il à Britannicus pour lui inspirer confiance ?

● SUR L'ENSEMBLE DU PREMIER ACTE. — Étudiez l'entrée en scène des différents personnages. En quoi leur première attitude, leurs premiers mots ou leur silence les trahissent-ils ?
— Quels progrès l'action a-t-elle réalisés dans le cours de cet acte, orientant plus nettement le drame ?
— Quelle est l'importance d'Albine ? de Narcisse ? (Guidez-vous sur le caractère des personnages et de leurs maîtres respectifs.)

ACTE II

SCÈNE PREMIÈRE. — NÉRON, BURRHUS, NARCISSE, GARDES.

NÉRON

N'en doutez point, Burrhus : malgré ses injustices,
360 C'est ma mère, et je veux ignorer ses caprices.
Mais je ne prétends plus ignorer ni souffrir
Le ministre insolent qui les ose nourrir.
Pallas de ses conseils enpoisonne ma mère ;
Il séduit* chaque jour Britannicus mon frère.
365 Ils l'écoutent tout seul : et qui suivrait leurs pas
Les trouverait peut-être assemblés chez Pallas.
C'en est trop. De tous deux il faut que je l'écarte.
Pour la dernière fois, qu'il s'éloigne, qu'il parte :
Je le veux, je l'ordonne ; et que la fin du jour
370 Ne le retrouve pas dans Rome ou dans ma cour.
Allez : cet ordre importe au salut de l'Empire.
Vous, Narcisse, approchez.   *(Aux gardes)*
                        Et vous, qu'on se retire.

─────── QUESTIONS ───────

● Vers 359. En quoi Burrhus, d'après la réponse de Néron, assure-t-il la continuité entre les deux premiers actes ?

● Sur l'ensemble de la scène première. — Relevez ce qui, dans la composition, le style, le vocabulaire, exprime la décision. Quelle impression fait cette première apparition de Néron ?

— Qui, d'Agrippine ou de Burrhus, a le mieux dépeint, à l'acte premier, cet aspect de l'Empereur ?

SCÈNE II. — NÉRON, NARCISSE.

NARCISSE

Grâces aux dieux, Seigneur, Junie entre vos mains
Vous assure aujourd'hui du reste des Romains.
375 Vos ennemis, déchus[1] de leur vaine espérance,
Sont allés chez Pallas pleurer leur impuissance.
Mais que vois-je? Vous-même, inquiet*, étonné*,
Plus que Britannicus paraissez consterné.
Que présage à mes yeux cette tristesse* obscure[2],
380 Et ces sombres regards errants[3] à l'aventure?
Tout vous rit : la fortune obéit à vos vœux.

NÉRON

Narcisse, c'en est fait, Néron est amoureux.

NARCISSE

Vous?

NÉRON

Depuis un moment, mais pour toute ma vie.
J'aime (que dis-je aimer?) j'idolâtre Junie.

NARCISSE

385 Vous l'aimez?

NÉRON

Excité d'un désir curieux,
Cette nuit je l'ai vue arriver en ces lieux,
Triste*, levant au ciel ses yeux mouillés de larmes,
Qui brillaient au travers des flambeaux et des armes;
Belle, sans ornements, dans le simple appareil[4]
390 D'une beauté qu'on vient d'arracher au sommeil.

---

1. *Déchu* : tombé du haut de; 2. *Obscure* : qui vous assombrit (sens actif);
3. *Errants* : au XVIIᵉ siècle, l'usage admettait l'accord du participe présent; 4. *Simple appareil* : toilette simple; synonyme : *négligence* (vers 391).

━━━━ QUESTIONS ━━━━

● VERS 373-381. En quoi la révélation du vrai Narcisse est-elle une surprise? Comment provoque-t-il la confidence de Néron?
● VERS 382-384. Sur quel ton Néron annonce-t-il cette nouvelle? Depuis quel événement Néron aime-t-il Junie? Qu'en concluez-vous sur la nature de cette passion? Rend-elle Néron antipathique?

« C'est ici un monstre naissant... » (Seconde Préface.)

ROBERT HIRSCH DANS LE RÔLE DE NÉRON
Comédie-Française (1961).

Que veux-tu? Je ne sais si cette négligence,
Les ombres, les flambeaux, les cris et le silence,
Et le farouche aspect de ses fiers* ravisseurs,
Relevaient de ses yeux les timides douceurs.
395 Quoi qu'il en soit, ravi[1] d'une si belle vue,
J'ai voulu lui parler, et ma voix s'est perdue :
Immobile, saisi d'un long étonnement*,
Je l'ai laissé passer dans son appartement.
J'ai passé dans le mien. C'est là que, solitaire,
400 De son image en vain j'ai voulu me distraire[2] :
Trop présente à mes yeux je croyais lui parler;
J'aimais jusqu'à ses pleurs que je faisais couler.
Quelquefois, mais trop tard, je lui demandais grâce;
J'employais les soupirs*, et même la menace.
405 Voilà comme, occupé[3]* de mon nouvel amour,
Mes yeux, sans se fermer, ont attendu le jour.
Mais je m'en fais peut-être une trop belle image;
Elle m'est apparue avec trop d'avantage,
Narcisse, qu'en dis-tu?

NARCISSE

Quoi, Seigneur! croira-t-on
410 Qu'elle ait pu si longtemps se cacher à Néron?

NÉRON

Tu le sais bien, Narcisse. Et soit que sa colère
M'imputât le malheur qui lui ravit son frère[4],
Soit que son cœur, jaloux d'une austère fierté*,

---

1. *Ravi* : transporté d'admiration (sens beaucoup plus fort qu'aujourd'hui);
2. *Distraire* : détourner, sans idée de récréation, d'amusement; 3. *Occupé* :
absorbé; le participe se rapporte à *moi* contenu dans le positif *mes*; 4. Voir vers
63-66 et la note.

──────── **QUESTIONS** ────────

● VERS 385-399. Analysez les talents d'artiste chez Néron (art des contrastes; jeu de demi-teintes; harmonie des vers). Comparez cette évocation aux vers 289-294 : montrez qu'elle est plus suggestive que précise. Qu'apprenons-nous sur la beauté et le caractère de Junie?
— A quel sentiment Néron obéit-il en retraçant complaisamment cette évocation devant Narcisse?
● VERS 400-406. Les qualités de cette analyse de Néron par lui-même. Que trahissent du caractère de Néron les vers 402 à 404?
● VERS 407-409. Le sens profond de cette question. Quelle réponse est attendue?
● VERS 409-410. Pourquoi Narcisse ne répond-il pas à la question posée? Que veut-il susciter de la part de Néron?

Enviât[1] à nos yeux sa naissante beauté;
415 Fidèle* à sa douleur* et dans l'ombre enfermée,
Elle se dérobait même à sa renommée;
Et c'est cette vertu, si nouvelle à la cour,
Dont la persévérance irrite* mon amour.
Quoi, Narcisse! tandis qu'il n'est point de Romaine
420 Que mon amour n'honore et ne rende plus vaine,
Qui, dès qu'à ses regards elle ose se fier,
Sur le cœur de César ne les vienne essayer,
Seule dans son palais la modeste Junie
Regarde leurs[2] honneurs comme une ignominie,
425 Fuit, et ne daigne pas peut-être s'informer
Si César est aimable[3], ou bien s'il sait aimer?
Dis-moi, Britannicus l'aime-t-il?

NARCISSE

Quoi! s'il l'aime,
Seigneur?

NÉRON

Si jeune encor, se connaît-il lui-même?
D'un regard enchanteur* connaît-il le poison?

NARCISSE

430 Seigneur, l'amour toujours n'attend pas la raison.
N'en doutez point, il l'aime. Instruits par tant de charmes*,
Ses yeux sont déjà faits à l'usage des larmes.
A ses moindres désirs il sait s'accommoder;
Et peut-être déjà sait-il persuader.

NÉRON

435 Que dis-tu? Sur son cœur il aurait quelque empire?

---

1. *Envier* : refuser; 2. *Leurs honneurs* : ceux que reçoivent les autres Romaines;
3. *Aimable* : digne d'être aimé (sens fort).

QUESTIONS

● Vers 411-426. Qu'est-ce qui attire Néron vers Junie? Quelles résonances contemporaines avaient peut-être ces vers en 1669?
● Vers 427-445. Le ton du vers 427 : quel nouveau sentiment commence
à se révéler ici? — Étudiez les deux répliques de Narcisse (vers 430-434
et 436-442) : quelle valeur prend la maxime du vers 430? Montrez le ton
faussement naïf dont il use pour décrire le bonheur de Britannicus.
— Pourquoi Néron sursaute-t-il au vers 435? De quoi prend-il conscience
au vers 445?

NARCISSE

Je ne sais; mais, Seigneur, ce que je puis vous dire,
Je l'ai vu[1] quelquefois s'arracher de ces lieux,
Le cœur plein d'un courroux qu'il cachait à vos yeux,
D'une cour qui le fuit pleurant l'ingratitude,
440 Las de votre grandeur et de sa servitude,
Entre l'impatience* et la crainte flottant :
Il allait voir Junie, et revenait content.

NÉRON

D'autant plus malheureux qu'il aura su lui plaire,
Narcisse, il doit plutôt souhaiter sa colère.
445 Néron impunément[2] ne sera pas jaloux.

NARCISSE

Vous? Et de quoi, Seigneur, vous inquiétez-vous?
Junie a pu le plaindre et partager ses peines :
Elle n'a vu couler de larmes que les siennes.
Mais aujourd'hui, Seigneur, que ses yeux dessillés[3],
450 Regardant de plus près l'éclat dont vous brillez,
Verront autour de vous les rois sans diadème,
Inconnus dans la foule, et son amant lui-même,
Attachés sur vos yeux s'honorer d'un regard
Que vous aurez sur eux fait tomber au hasard;
455 Quand elle vous verra, de ce degré de gloire*,
Venir en soupirant avouer sa victoire,
Maître[4], n'en doutez point, d'un cœur déjà charmé*,
Commandez qu'on vous aime, et vous serez aimé.

NÉRON

A combien de chagrins il faut que je m'apprête!
460 Que d'importunités!

---

1. [C'est que] *je l'ai vu*; 2. *Impunément* : sans punir (sens actif); 3. *Dessiller* : au sens figuré de « désaveugler » (au sens propre, terme de fauconnerie : on cousait [cillait] les paupières [cils] des faucons pendant leur dressage; puis on les « dessillait »); 4. *Maître* : se rapporte à *vous* (puisque vous êtes *maître*).

QUESTIONS

● VERS 446-458. Quel improbable espoir Narcisse fait-il miroiter? S'il n'y croit pas lui-même, quelle est son intention? — Étudiez la poésie artificieuse et recherchée de cette réplique. — En vous appuyant sur l'histoire du XVIIᵉ siècle français, montrez l'actualité, l'habileté aussi peut-être, de ce passage.
● VERS 459-462. Quels traits psychologiques révèlent ces vers? Que montre la brutale accumulation des vers 461-462?

NARCISSE

Quoi donc! qui[1] vous arrête,
Seigneur?

NÉRON

Tout. Octavie, Agrippine, Burrhus,
Sénèque, Rome entière, et trois ans de vertus.
Non que pour Octavie un reste de tendresse*
M'attache à son hymen et plaigne sa jeunesse.
465 Mes yeux, depuis longtemps fatigués de ses soins*,
Rarement de ses pleurs daignent être témoins :
Trop heureux si bientôt la faveur d'un divorce
Me soulageait d'un joug qu'on m'imposa par force!
Le ciel même en secret semble la condamner;
470 Ses vœux[2], depuis quatre ans, ont beau l'importuner;
Les dieux ne montrent point que sa vertu les touche :
D'aucun gage, Narcisse, ils n'honorent sa couche,
L'Empire vainement demande un héritier.

NARCISSE

Que[3] tardez-vous, Seigneur, à la répudier?
475 L'Empire, votre cœur, tout condamne Octavie.
Auguste, votre aïeul, soupirait pour Livie :
Par un double divorce ils s'unirent tous deux[4];
Et vous devez l'Empire à ce divorce heureux.
Tibère, que l'hymen plaça dans sa famille[5],
480 Osa bien à ses yeux répudier sa fille.
Vous seul, jusques ici contraire à vos désirs,
N'osez par un divorce assurer vos plaisirs.

---

1. *Qui* : quel obstacle (*qui* interrogatif peut, dans la langue classique, s'appliquer à des choses); 2. *Vœux* : prières; 3. *Que* : pourquoi; 4. Auguste répudia Scribonia; Livie divorça d'avec Claudius Nero, dont elle avait un fils, Tibère. Elle allait en avoir un second, Drusus, grand-père d'Agrippine. (Voir Généalogie des Césars, p. 20); 5. Tibère épousa la fille d'Auguste et de Scribonia, Julie, que sa conduite douteuse fit répudier (vers 480).

━━━━━━━ **QUESTIONS** ━━━━━━━

● Vers 463-473. Sur le problème posé par Octavie, montrez la progression des arguments de Néron. La force et l'habileté du dernier motif de divorce : Néron espère-t-il un encouragement de la part de Narcisse?
● Vers 474-482. Le contraste de ton entre cette réplique de Narcisse et la précédente. Indiquez-en la rigueur de composition. Cherchez ce qui autorise l'assurance de Narcisse.

NÉRON

Et ne connais-tu pas l'implacable Agrippine ?
Mon amour inquiet* déjà se l'imagine
485 Qui m'amène Octavie, et, d'un œil enflammé,
Atteste les saints droits d'un nœud qu'elle a formé ;
Et, portant à son cœur des atteintes plus rudes,
Me fait un long récit de mes ingratitudes.
De quel front soutenir ce fâcheux entretien ?

NARCISSE

490 N'êtes-vous pas, Seigneur, votre maître et le sien ?
Vous verrons-nous toujours trembler sous sa tutelle ?
Vivez, régnez pour vous : c'est trop régner pour elle.
Craignez-vous… ? Mais, Seigneur, vous ne la craignez pas :
Vous venez de bannir le superbe* Pallas,
495 Pallas dont vous savez qu'elle soutient l'audace.

NÉRON

Éloigné de ses yeux, j'ordonne, je menace,
J'écoute vos conseils, j'ose les approuver,
Je m'excite contre elle, et tâche à la braver.
Mais (je t'expose ici mon âme toute nue),
500 Sitôt que mon malheur me ramène à sa vue,
Soit que je n'ose encor démentir[1] le pouvoir
De ces yeux où j'ai lu si longtemps mon devoir,
Soit qu'à tant de bienfaits ma mémoire fidèle*
Lui soumette en secret tout ce que je tiens d'elle,
505 Mais enfin[2] mes efforts ne me servent de rien,
Mon Génie[3] étonné* tremble devant le sien ;
Et c'est pour m'affranchir de cette dépendance
Que je la fuis partout, que même je l'offense,

---

1. *Démentir :* contredire par ma conduite ; 2. Ce *mais enfin* reprend le mouvement de la phrase annoncée au vers 499 ; 3. *Génie :* divinité protectrice de chaque être.

—— QUESTIONS ——

● VERS 483-495. Les qualités psychologiques de Néron ici : soulignez la parodie dans les vers 483-489. Quel est le conseil de Narcisse ? Néron et Narcisse ont-ils tort (vers 483-496) ?
● VERS 496-510. Dégagez les grands traits du conflit entre Agrippine et Néron : montrez-en l'aspect humain. — Quel aspect moral étonnant Néron révèle-t-il notamment aux vers 501-504 ?

Et que de temps en temps j'irrite* ses ennuis*
510 Afin qu'elle m'évite autant que je la fuis.
Mais je t'arrête¹ trop. Retire-toi, Narcisse :
Britannicus pourrait t'accuser d'artifice².

NARCISSE

Non, non, Britannicus s'abandonne à ma foi*.
Par son ordre, Seigneur, il croit que je vous voi³,
515 Que je m'informe ici de tout ce qui le touche,
Et veut de vos secrets être instruit par ma bouche.
Impatient* surtout de revoir ses amours,
Il attend de mes soins* ce fidèle* secours.

NÉRON

J'y consens, porte-lui cette douce nouvelle :
520 Il la verra.

NARCISSE

Seigneur, bannissez-le loin d'elle.

NÉRON

J'ai mes raisons, Narcisse; et tu peux concevoir
Que je lui vendrai cher le plaisir de la voir.
Cependant⁴ vante-lui ton heureux stratagème;
Dis-lui qu'en sa faveur on me trompe moi-même;
525 Qu'il la voit sans mon ordre. On ouvre, la voici.
Va retrouver ton maître, et l'amener ici.

---

1. *Arrêter* : retenir; 2. *Artifice* : habileté (voir vers 932), parfois nuancée de ruse, de perfidie, comme ici; d'où la valeur alors péjorative; 3. *Voi* : voir vers 341 et la note; 4. *Cependant* : pendant ce temps.

─────── QUESTIONS ───────

● Vers 511-526. L'intérêt psychologique et dramatique de cette fin de scène, la valeur tragique de l'attitude de Narcisse (voir vers 334-335). Néron ne va-t-il pas au-delà de ce que lui propose Narcisse?

● Sur l'ensemble de la scène II. — Les grands mouvements de cette scène. Soulignez l'habileté de Narcisse, la souplesse de sa méthode. Rapprochez le personnage de celui d'Iago, dans *Othello* (III, III) de Shakespeare, inconnu cependant de Racine.
— Étudiez l'alliance de l'amour avec la cruauté, d'une part, et avec la politique, d'autre part, dans leur influence sur l'action et la psychologie. Quels progrès l'action a-t-elle faits ici? Montrez que les deux premières scènes de cet acte sont complémentaires pour la connaissance de Néron.

Scène III. — NÉRON, JUNIE.

NÉRON

Vous vous troublez, Madame, et changez de visage.
Lisez-vous dans mes yeux quelque triste* présage?

JUNIE

Seigneur, je ne vous puis déguiser mon erreur :
530 J'allais voir Octavie, et non pas l'Empereur.

NÉRON

Je le sais bien, Madame, et n'ai pu sans envie
Apprendre vos bontés pour l'heureuse Octavie.

JUNIE

Vous, Seigneur?

NÉRON

Pensez-vous, Madame, qu'en ces lieux
Seule pour vous connaître Octavie ait des yeux?

JUNIE

535 Et quel autre, Seigneur, voulez-vous que j'implore?
A qui demanderai-je un crime que j'ignore?
Vous qui le punissez, vous ne l'ignorez pas.
De grâce, apprenez-moi, Seigneur, mes attentats.

NÉRON

Quoi, Madame! est-ce donc une légère offense
540 De m'avoir si longtemps caché votre présence[1]?
Ces trésors dont le ciel voulut vous embellir,
Les avez-vous reçus pour les ensevelir?
L'heureux Britannicus verra-t-il sans alarmes*
Croître, loin de nos yeux, son amour et vos charmes*?

---

1. *Présence* : vue.

● QUESTIONS ●

● Vers 527-538. Dans quelle atmosphère débute l'entretien de Junie et de Néron? — Comment Junie, malgré sa peur, garde-t-elle sa dignité?

545 Pourquoi, de cette gloire* exclu jusqu'à ce jour,
M'avez-vous, sans pitié, relégué dans ma cour?
On dit plus : vous souffrez, sans en être offensée,
Qu'il vous ose, Madame, expliquer[1] sa pensée.
Car je ne croirai point que sans me consulter
550 La sévère Junie ait voulu le flatter*,
Ni qu'elle ait consenti d'aimer et d'être aimée
Sans que j'en sois instruit que[2] par la renommée.

JUNIE

Je ne vous nierai point, Seigneur, que ses soupirs*
M'ont daigné quelquefois expliquer ses désirs.
555 Il n'a point détourné ses regards d'une fille,
Seul reste du débris[3] d'une illustre famille.
Peut-être il se souvient qu'en un temps plus heureux
Son père me nomma pour l'objet de ses vœux[4].
Il m'aime; il obéit à l'Empereur son père,
560 Et j'ose dire encore à vous, à votre mère.
Vos désirs sont toujours si conformes aux siens[5]...

NÉRON

Ma mère a ses desseins, Madame, et j'ai les miens.
Ne parlons plus ici de Claude et d'Agrippine :
Ce n'est point par leur choix que je me détermine.
565 C'est à moi seul, Madame, à répondre de vous;
Et je veux de ma main vous choisir un époux.

---

1. *Expliquer :* exposer clairement, développer; 2. *Que :* si ce n'est; 3. *Débris :* ruine; 4. « Me désigna pour être sa fiancée »; 5. *Les siens :* ceux d'Agrippine.

--- QUESTIONS ---

● VERS 539-552. Le style de Néron : imaginez son effet sur les spectateurs de 1669. Montrez la progression du ton et des idées. Qu'ajoute Néron à une simple déclaration amoureuse? A quels traits de caractère doit-il cette brusquerie?
● VERS 553-561. Les deux aspects de l'amour de Britannicus que Junie présente ici, et ce qu'elle espère toucher chez Néron dans chaque cas. Connaissez-vous d'autres tragédies de Racine où se trouvent des personnages liés par un semblable sentiment d'amour? — Montrez la maladresse inconsciente de Junie aux vers 560-561.
● VERS 562-566. Quel est le ton de Néron? Veut-il seulement intimider Junie? — La manière d'agir indiquée aux vers 565-566 paraissait-elle choquante au XVIIᵉ siècle comme maintenant?

JUNIE

Ah! Seigneur, songez-vous que toute autre alliance
Fera honte aux Césars auteurs de ma naissance?

NÉRON

Non, Madame, l'époux dont je vous entretiens
570 Peut sans honte assembler vos aïeux et les siens :
Vous pouvez, sans rougir, consentir à sa flamme[1].

JUNIE

Et quel est donc, Seigneur, cet époux?

NÉRON

Moi, Madame.

JUNIE

Vous?

NÉRON

Je vous nommerais, Madame, un autre nom,
Si j'en savais quelque autre au-dessus de Néron.
575 Oui, pour vous faire un choix où vous puissiez souscrire,
J'ai parcouru des yeux la cour, Rome et l'Empire.
Plus j'ai cherché, Madame, et plus je cherche encor
En quelles mains je dois confier ce trésor,
Plus je vois que César, digne seul de vous plaire,
580 En doit être lui seul l'heureux dépositaire,
Et ne peut dignement vous confier qu'aux mains
A qui Rome a commis[2] l'empire des humains.

---

1. *Flamme* : amour (terme précieux); 2. *Commettre* : confier.

——— **QUESTIONS** ———

● VERS 567-568. Junie soupçonne-t-elle le projet de Néron? Sa défense
est-elle habile?
● VERS 569-572. Quels sont la valeur dramatique et l'effet psychologique de la révélation de Néron?
● VERS 573-602. La rigueur de composition de cette tirade. Comment
se développe l'argumentation? Néron se souvient-il des conseils donnés
par Narcisse? Quel rôle veut-il jouer ici? S'il est vrai qu'il démontre
une fois de plus ses talents de comédien, faut-il en conclure qu'il est
hypocrite? Que pensez-vous de l'argument juridique des vers 581 à 587
et du ton sur lequel il est formulé?

Vous-même, consultez[1] vos premières années.
Claudius à son fils les avait destinées;
585 Mais c'était en un temps où de l'Empire entier
Il croyait quelque jour le nommer l'héritier.
Les dieux ont prononcé. Loin de leur[2] contredire,
C'est à vous de passer du côté de l'Empire.
En vain de ce présent ils m'auraient honoré,
590 Si votre cœur devait en être séparé;
Si tant de soins* ne sont adoucis par vos charmes*;
Si, tandis que je donne aux veilles, aux alarmes*,
Des jours toujours à plaindre et toujours enviés,
Je ne vais quelquefois respirer à vos pieds.
595 Qu'Octavie à vos yeux ne fasse point d'ombrage :
Rome, aussi bien que moi, vous donne son suffrage,
Répudie Octavie, et me fait dénouer
Un hymen que le ciel ne veut point avouer[3].
Songez-y donc, Madame, et pesez en vous-même
600 Ce choix digne des soins* d'un prince qui vous aime,
Digne de vos beaux yeux trop longtemps captivés[4],
Digne de l'univers à qui vous vous devez.

JUNIE

Seigneur, avec raison je demeure étonnée*.
Je me vois, dans le cours d'une même journée,
605 Comme une criminelle amenée en ces lieux,
Et, lorsque avec frayeur je parais à vos yeux,
Que sur mon innocence à peine je me fie,
Vous m'offrez tout d'un coup la place d'Octavie.
J'ose dire pourtant que je n'ai mérité
610 Ni cet excès d'honneur, ni cette indignité.
Et pouvez-vous, Seigneur, souhaiter qu'une fille
Qui vit presque en naissant éteindre[5] sa famille,
Qui, dans l'obscurité nourrissant sa douleur*,

---

1. *Consulter* : examiner; 2. *Contredire*, au XVIIᵉ siècle, se construisait directement ou indirectement; 3. *Avouer* : ratifier; 4. *Captiver* : retenir prisonnier; 5. *Eteindre* : s'éteindre.

─────── QUESTIONS ───────

● Vers 589-594. Comparez ce passage aux vers 385-406 où Néron s'attriste de sa solitude. Est-il sincère ici?
● Vers 595-602. Quelles justifications Néron donne-t-il à son divorce (vers 595-598)? Sur quel ton sont dits les vers 600-602?

S'est fait une vertu conforme à son malheur,
615 Passe subitement de cette nuit profonde
Dans un rang qui l'expose aux yeux de tout le monde,
Dont je n'ai pu de loin soutenir la clarté,
Et dont une autre enfin remplit la majesté?

NÉRON

Je vous ai déjà dit que je la répudie.
620 Ayez moins de frayeur, ou moins de modestie.
N'accusez point ici mon choix d'aveuglement;
Je vous réponds de vous : consentez seulement.
Du sang dont vous sortez rappelez la mémoire;
Et ne préférez point, à la solide gloire*
625 Des honneurs dont César prétend vous revêtir,
La gloire* d'un refus, sujet au repentir.

JUNIE

Le ciel connaît, Seigneur, le fond de ma pensée.
Je ne me flatte* point d'une gloire* insensée :
Je sais de vos présents mesurer la grandeur;
630 Mais plus ce rang sur moi répandrait de splendeur,
Plus il me ferait honte, et mettrait en lumière
Le crime d'en avoir dépouillé l'héritière[1].

NÉRON

C'est de ses intérêts prendre beaucoup de soin*,
Madame; et l'amitié* ne peut aller plus loin.
635 Mais ne nous flattons* point, et laissons le mystère[2].
La sœur vous touche ici beaucoup moins que le frère;
Et pour Britannicus...

---

1. *Héritière* : propriétaire légitime; 2. « Parlons franchement ».

QUESTIONS

● VERS 603-618. La construction de cette tirade; place et importance du vers 610. — Ne pourrait-on pas dire que Junie s'exprime ici avec une surprise « calculée »? — Comment Junie essaie-t-elle de mettre Néron en contradiction avec lui-même?

● VERS 619-626. Quel ton Néron adopte-t-il? Pour quelles raisons?

● VERS 627-632. Sur quel mot se transporte ici le débat? Néron peut-il être sensible à la fierté avec laquelle Junie défend sa *gloire?* — Étudiez les antithèses dans cette réplique.

● VERS 633-637. Pourquoi Néron lance-t-il maintenant dans le débat le nom de Britannicus? Est-ce prémédité?

JUNIE

Il a su me toucher,
Seigneur, et je n'ai point prétendu m'en cacher.
Cette sincérité sans doute est peu discrète;
640 Mais toujours de mon cœur ma bouche est l'interprète.
Absente de la cour, je n'ai pas dû penser,
Seigneur, qu'en l'art de feindre il fallût m'exercer.
J'aime Britannicus. Je lui fus destinée
Quand l'Empire devait suivre son hyménée[1].
645 Mais ces mêmes malheurs qui l'en ont écarté,
Ses honneurs abolis, son palais déserté,
La fuite d'une cour que sa chute a bannie,
Sont autant de liens qui retiennent Junie.
Tout ce que vous voyez conspire à[2] vos désirs;
650 Vos jours toujours sereins coulent dans les plaisirs.
L'Empire en est pour vous l'inépuisable source;
Ou si quelque chagrin en interrompt la course[3],
Tout l'univers, soigneux de les entretenir,
S'empresse à l'effacer de votre souvenir.
655 Britannicus est seul. Quelque ennui[4] qui le presse,
Il ne voit dans son sort[4] que moi qui s'intéresse,
Et n'a pour tout plaisir, Seigneur, que quelques pleurs
Qui lui font quelquefois oublier ses malheurs.

NÉRON

Et ce sont ces plaisirs et ces pleurs que j'envie,
660 Que tout autre que lui me paîrait[5] de sa vie,
Mais je garde à ce prince un traitement plus doux.
Madame, il va bientôt paraître devant vous.

───────

1. *Son hyménée* : son mariage avec moi; 2. *Conspirer à* : concourir à l'accomplissement de; 3. *Course* : cours (sans idée de rapidité); 4. *A son sort* : on dit alors « s'intéresser dans quelque chose »; 5. Voir vers 243 et la note.

─────── QUESTIONS ───────

● Vers 638-658. La composition de cette tirade. De quels arguments use Junie pour défendre Britannicus? Ne commet-elle pas quelques maladresses? Sa sincérité (vers 638-642) n'est-elle pas un peu agressive? Que peut penser Néron du vers 655 alors qu'il sait les manœuvres ourdies chez Pallas (voir vers 363-366)? — Faut-il reprocher à Junie d'avoir attendu que Néron parle de Britannicus pour avouer elle-même son amour? — Imaginez que Junie prétende ne point aimer Britannicus : comment évoluerait la scène?

JUNIE

Ah! Seigneur, vos vertus m'ont toujours rassurée.

NÉRON

Je pouvais[1] de ces lieux lui défendre l'entrée;
665 Mais, Madame, je veux prévenir le danger
Où son ressentiment le pourrait engager.
Je ne veux point le perdre[2]. Il vaut mieux que lui-même
Entende son arrêt de la bouche qu'il aime.
Si ses jours vous sont chers, éloignez-le de vous,
670 Sans qu'il ait aucun lieu de me croire jaloux.
De son bannissement prenez sur vous l'offense;
Et, soit par vos discours, soit par votre silence,
Du moins par vos froideurs, faites-lui concevoir
Qu'il doit porter ailleurs ses vœux et son espoir.

JUNIE

675 Moi! Que je lui prononce un arrêt si sévère!
Ma bouche mille fois lui jura le contraire.
Quand même jusque-là je pourrais me trahir[3],
Mes yeux lui défendront, Seigneur, de m'obéir.

NÉRON

Caché près de ces lieux, je vous verrai, Madame.
680 Renfermez votre amour dans le fond de votre âme.
Vous n'aurez point pour moi de langages[4] secrets :
J'entendrai[5] des regards que vous croirez muets;
Et sa perte sera l'infaillible salaire[6]

---

1. *Je pouvais* : j'aurais pu; 2. *Perdre* = faire périr; 3. *Se trahir* : ici, être infidèle à ses vrais sentiments; 4. *Langages* : moyens d'expression; 5. *Entendre* : voir vers 245 et la note; 6. *Salaire* : récompense ou, ironiquement comme ici, châtiment.

--- **QUESTIONS** ---

● VERS 659-686. Les différents aspects de Néron que trahit cette fin de scène : recherchez les traits de cruauté, de lâcheté; dans le ton, comment s'expriment la délectation anticipée à l'idée de la scène entre Junie et Britannicus et la menace devant les essais de résistance. Était-il nécessaire d'agir ainsi pour suivre le conseil de Narcisse (voir vers 621)? — L'intensité tragique de ce passage; le pathétique de Junie : son essai de résistance, son vœu désespéré.

D'un geste ou d'un soupir échappé pour lui plaire.

JUNIE

685 Hélas! si j'ose encor former quelques souhaits,
Seigneur, permettez-moi de ne le voir jamais!

Scène IV. — NÉRON, JUNIE, NARCISSE.

NARCISSE

Britannicus, Seigneur, demande la Princesse.
Il approche.

NÉRON

Qu'il vienne.

JUNIE

Ah! Seigneur!

NÉRON

Je vous laisse.
Sa fortune[1] dépend de vous plus que de moi.
690 Madame, en le voyant, songez que je vous voi[2].

---

1. *Fortune* : sort; 2. *Voi* : voir vers 341 et la note.

─────── QUESTIONS ───────

● Sur l'ensemble de la scène III. — Néron avait-il, dès le début de la scène, l'idée d'une vengeance aussi cruelle (voir vers 523)? Analysez les moments successifs de cette scène. En quoi est-elle essentielle pour l'étude du « monstre naissant »? Comment Néron peut-il justifier sa cruauté à ses propres yeux? Voit-on l'évolution de son caractère depuis la scène précédente?
— Comment Junie se révèle-t-elle ici? N'est-elle pas, malgré son courage et sa sincérité, dans une position fausse?

● Sur la scène IV. — Est-ce le seul hasard qui fait paraître Britannicus juste à ce moment (voir vers 524-526)? Montrez la sobriété de l'art racinien dans ce moment de forte intensité tragique, en étudiant le sens et l'expression de chaque réplique.

Scène V. — JUNIE, NARCISSE.

JUNIE

Ah! cher Narcisse! cours au-devant de ton maître;
Dis-lui... Je suis perdue, et je le vois paraître.

Scène VI. — JUNIE, BRITANNICUS, NARCISSE.

BRITANNICUS

Madame, quel bonheur me rapproche de vous?
Quoi! je puis donc jouir d'un entretien si doux?
695 Mais parmi[1] ce plaisir quel chagrin me dévore!
Hélas! puis-je espérer de vous revoir encore?
Faut-il que je dérobe, avec mille détours,
Un bonheur que vos yeux m'accordaient tous les jours?
Quelle nuit! Quel réveil! Vos pleurs, votre présence[2]
700 N'ont point de ces cruels désarmé l'insolence?
Que faisait votre amant? Quel démon[3] envieux
M'a refusé l'honneur de mourir à vos yeux?
Hélas! dans la frayeur dont vous étiez atteinte,
M'avez-vous en secret adressé quelque plainte?
705 Ma Princesse, avez-vous daigné me souhaiter?
Songiez-vous aux douleurs* que vous m'alliez coûter?
Vous ne me dites rien? Quel accueil! Quelle glace!
Est-ce ainsi que vos yeux consolent ma disgrâce?

---

1. *Parmi* : au milieu de; 2. *Présence* : voir vers 540 et la note; 3. *Démon* : divinité.

─────── **QUESTIONS** ───────

● Sur la scène V. — Quelle est la valeur tragique des vers 691-692? Dans le théâtre classique, les entrées et les sorties des personnages justifient le découpage des scènes. Situez par rapport à celles qui l'entourent la force pathétique de celle-ci; cette scène n'acquiert-elle pas ainsi une valeur propre, si courte soit-elle?

● Vers 693-711. Comment Britannicus apparaît-il ici? Recherchez les marques de préciosité dans le style; ces galanteries, démodées aujourd'hui, nuisent-elles au pathétique? — Quel contraste son langage fait-il avec le langage amoureux de Néron s'adressant à Junie dans la scène précédente? — Qu'y a-t-il de tragique dans les vers 709-711?

Parlez. Nous sommes seuls. Notre ennemi, trompé,
710 Tandis que je vous parle, est ailleurs occupé*.
Ménageons[1] les moments de cette heureuse absence.

JUNIE

Vous êtes en des lieux tout pleins de sa puissance.
Ces murs mêmes, Seigneur, peuvent avoir des yeux;
Et jamais l'Empereur n'est absent de ces lieux.

BRITANNICUS

715 Et depuis quand, Madame, êtes-vous si craintive?
Quoi! déjà votre amour souffre qu'on le captive[2]?
Qu'est devenu ce cœur qui me jurait toujours
De faire à Néron même envier nos amours?
Mais bannissez, Madame, une inutile crainte.
720 La foi* dans tous les cœurs n'est pas encore éteinte;
Chacun semble des yeux approuver mon courroux;
La mère de Néron se déclare pour nous.
Rome, de sa conduite elle-même offensée...

JUNIE

Ah! Seigneur! vous parlez contre votre pensée.
725 Vous-même, vous m'avez avoué mille fois
Que Rome le louait d'une commune voix;
Toujours à sa vertu vous rendiez quelque hommage.
Sans doute la douleur* vous dicte ce langage.

---

1. *Ménager* : employer avec fruit; 2. *Captiver* : voir vers 601 et la note.

--- QUESTIONS ---

● Vers 712-714. Montrez que Junie prend de grands risques pour avertir Britannicus. Cette mise en garde vous paraît-elle suffisamment nette?
● Vers 715-723. Pourquoi Britannicus ne comprend-il pas l'allusion faite par Junie? Indiquez la succession des sentiments et des idées de Britannicus dans cette réplique. — Même en dehors des circonstances présentes, quel aspect de son caractère révèlent les vers 717-718? Ce rappel est-il bien opportun? — Est-ce le lieu d'entamer un compte rendu tel que celui des vers 721 et suivants, dont vous préciserez la nature? Sa naïveté est-elle excusable, dans l'état d'esprit où il se trouve? L'effet produit sur Néron par ces vers.
● Vers 724-728. Pourquoi Junie interrompt-elle Britannicus? Quel est le sens de cet hommage imprévu à l'Empereur?

BRITANNICUS

Ce discours[1] me surprend, il le faut avouer.
730 Je ne vous cherchais pas pour l'entendre louer.
Quoi! pour vous confier la douleur* qui m'accable,
A peine[2] je dérobe un moment favorable,
Et ce moment si cher, Madame, est consumé
A louer l'ennemi dont je suis opprimé!
735 Qui vous rend à vous-même, en un jour, si contraire[3]?
Quoi! même vos regards ont appris à se taire?
Que vois-je? Vous craignez de rencontrer mes yeux?
Néron vous plairait-il? vous serais-je odieux?
Ah! si je le croyais... Au nom des dieux, Madame,
740 Eclaircissez* le trouble où vous jetez mon âme.
Parlez. Ne suis-je plus dans votre souvenir?

JUNIE

Retirez-vous, Seigneur, l'Empereur va venir.

BRITANNICUS

Après ce coup*, Narcisse, à qui dois-je m'attendre[4]?

---

1. *Discours* : voir vers 267 et la note; 2. *A peine* : avec peine; 3. « Qu'est-ce qui, en un jour, vous fait soutenir des opinions si opposées? »; 4. *S'attendre* : se fier.

──────── QUESTIONS ────────

● Vers 729-741. Montrez que le langage de Britannicus change ici : quel sentiment commence à l'envahir? En quoi consiste ici l'ironie tragique?
● Vers 743. Comparez ce vers aux vers 691-692 : quel effet tragique encadre cette scène?

● Sur l'ensemble de la scène vi. — Le mécanisme de l'effet dramatique : quelle est la situation de chacun des personnages (Néron, Junie, Britannicus) par rapport aux deux autres? Comment le spectateur participe-t-il à cette scène, puisqu'il sait l'affreux stratagème de Néron?
— Voltaire considérait comme indigne de la tragédie cette ruse de Néron caché derrière un rideau; la situation peut rappeler en effet certaines scènes de comédie (par exemple *le Tartuffe*, IV, v). Faut-il en conclure que Racine a utilisé ici un moyen propre à la comédie? Montrez pourquoi le même procédé dramatique peut aboutir à des résultats diamétralement opposés.
— Comparez les sentiments de Britannicus à ce qu'ils étaient à la scène iv de l'acte premier. Comment peut-il avoir l'impression que le sort se joue de lui?

« Retirez-vous, Seigneur, l'Empereur va venir. »   (Vers 742.)

ILLUSTRATION DE CHAUVET POUR L'ÉDITION DE 1808

Scène VII. — NÉRON, JUNIE, NARCISSE.

NÉRON

Madame...

JUNIE

Non, Seigneur, je ne puis rien entendre.
745 Vous êtes obéi. Laissez couler du moins
Des larmes dont ses yeux ne seront pas témoins.

Scène VIII. — NÉRON, NARCISSE.

NÉRON

Hé bien! de leur amour tu vois la violence,
Narcisse, elle a paru jusque dans son silence.
Elle aime mon rival, je ne puis l'ignorer;
750 Mais je mettrai ma joie à le désespérer.
Je me fais de sa peine une image charmante*,
Et je l'ai vu douter du cœur de son amante.
Je la suis. Mon rival t'attend pour éclater.
Par de nouveaux soupçons, va, cours le tourmenter*;
755 Et tandis qu'à mes yeux on le pleure[1], on l'adore,
Fais-lui payer bien cher un bonheur qu'il ignore.

—————

1. *On le pleure :* on pleure à cause de lui.

————— QUESTIONS —————

● Sur la scène VII. — Néron peut-il être satisfait de la façon dont il a été obéi? Imaginez ce qu'il avait l'intention de dire à Junie.
 — Comment la réponse de celle-ci achève-t-elle d'exaspérer Néron?
 — Les bienséances n'exigent-elles pas, d'ailleurs, que Racine élude cette rencontre, pourtant inévitable dans la logique de l'action?

● Vers 747-756. Néron semble-t-il ici un « monstre naissant » seulement? Quelles raisons le poussent à la conquête de Junie?

NARCISSE, *seul*.

La fortune t'appelle une seconde fois[1],
Narcisse; voudrais-tu résister à sa voix?
Suivons jusques au bout ses ordres favorables;
760 Et pour nous rendre heureux, perdons les misérables*.

ACTE III

Scène première. — NÉRON, BURRHUS.

BURRHUS

Pallas obéira, Seigneur.

NÉRON

Et de quel œil
Ma mère a-t-elle vu confondre son orgueil?

---

1. A la mort de Messaline, son œuvre, il avait eu un premier grand triomphe.

─────── QUESTIONS ───────

● Vers 757-760. Pourquoi Racine, par exception, fait-il faire à Narcisse la théorie de son caractère? L'usage étant de supprimer ces vers à la scène pour épargner les délicats, trouvez-vous ce passage plus révoltant que d'autres, que vous citerez?

● Sur l'ensemble de l'acte II. — Quel personnage domine tout cet acte? Comparez Néron aux jugements qu'on portait sur lui au premier acte : lesquels se trouvent vérifiés?
— Montrez en quoi chaque scène de ce deuxième acte présente Néron sous un jour différent suivant le personnage auquel il s'adresse; y a-t-il évolution de son caractère du début à la fin du premier acte? L'importance dramatique de Narcisse.
— Quel aspect de la tragédie s'est développé au cours de cet acte? Pourquoi Agrippine n'y a-t-elle pas paru? En est-elle cependant complètement absente? A quoi le spectateur peut-il s'attendre maintenant?

● Vers 761. Racine, sur le conseil de Boileau, a supprimé ici une scène entre Narcisse et Burrhus au cours de laquelle celui-ci défend Britannicus, accuse Narcisse d'arrivisme et lui conseille, vainement, de mieux servir le jeune homme. Devinez-vous les raisons de bienséance et les raisons dramatiques de cette suppression?

BURRHUS

Ne doutez point, Seigneur, que ce coup* ne la frappe,
Qu'en reproches bientôt sa douleur* ne s'échappe[1],
765 Ses transports* dès[2] longtemps commencent d'éclater.
A d'inutiles cris puissent-ils s'arrêter!

NÉRON

Quoi! De quelque dessein la croyez-vous capable?

BURRHUS

Agrippine, Seigneur, est toujours redoutable.
Rome et tous vos soldats révèrent ses aïeux;
770 Germanicus son père est présent à leurs yeux.
Elle sait son pouvoir; vous savez son courage[3];
Et ce qui me la fait redouter davantage,
C'est que vous appuyez[4] vous-même son courroux,
Et que vous lui donnez des armes contre vous.

NÉRON

775 Moi, Burrhus?

BURRHUS

Cet amour, Seigneur, qui vous possède...

NÉRON

Je vous entends[5], Burrhus. Le mal est sans remède.
Mon cœur s'en est plus dit que vous ne m'en direz.
Il faut que j'aime enfin[6].

---

1. *S'échapper* : se donner libre cours; 2. *Dès* : depuis; 3. « Vous connaissez son énergie »; 4. *Appuyer* : favoriser; 5. *Entendre* : voir vers 245 et la note; 6. *Enfin* : en dépit de tout.

QUESTIONS

● Vers 762-767. Comparez ce début d'acte à celui de l'acte II : comment la continuité de l'action est-elle assurée? — Quel est le ton de Néron (vers 761-762)? Qu'y a-t-il de presque comique au vers 765 (voir I, II et III, III)? L'arrière-pensée de Néron au vers 767.

● Vers 768-778. Comment Burrhus infléchit-il la conversation? En quoi a-t-il raison au vers 773? En quoi la réponse de Néron est-elle complexe dans sa concision? — Le vers 778 : sens exact, force d'affirmation, rapport avec le caractère de Néron.

BURRHUS

Vous vous le figurez,
Seigneur, et, satisfait¹ de quelque résistance,
780 Vous redoutez un mal faible dans sa naissance.
Mais, si dans son devoir votre cœur affermi
Voulait ne point s'entendre avec son ennemi²,
Si de vos premiers ans vous consultiez³ la gloire*,
Si vous daigniez, Seigneur, rappeler la mémoire
785 Des vertus d'Octavie, indignes⁴ de ce prix,
Et de son chaste amour vainqueur de vos mépris⁵;
Surtout si de Junie évitant la présence
Vous condamniez vos yeux à quelques jours d'absence,
Croyez-moi, quelque amour qui semble vous charmer*,
790 On n'aime point, Seigneur, si l'on ne veut aimer.

NÉRON

Je vous croirai, Burrhus, lorsque dans les alarmes*
Il faudra soutenir la gloire* de nos armes,
Ou lorsque, plus tranquille, assis dans le sénat,
Il faudra décider du destin de l'État;
795 Je m'en reposerai sur votre expérience.
Mais, croyez-moi, l'amour est une autre science,
Burrhus, et je ferais quelque difficulté
D'abaisser jusque-là votre sévérité.
Adieu. Je souffre trop, éloigné de Junie.

---

1. *Satisfait* : tranquillisé; 2. L'amour, puisque, selon Burrhus, la passion est l'ennemie du devoir; 3. *Consulter* : voir vers 583 et la note; 4. « Dignes de plus d'égards » (Octavie est bien mal *payée* de ses vertus); 5. « Que vos mépris n'ont pas découragé. »

--- **QUESTIONS** ---

● Vers 778-790. L'organisation rigoureuse de cette tirade. — Montrez la hardiesse des vers 778-780. Appréciez les conseils des vers 781-788. — Qui Racine parodie-t-il avec la formule du vers 790, inspirée du *Traité des passions* de Descartes?
● Vers 791-799. Le ton et les arguments de Néron. Comment Néron se moque-t-il de Burrhus aux vers 796-797? Que pensez-vous du vers 799?
● Sur l'ensemble de la scène première. — Comment Burrhus, qui a approuvé l'exil de Pallas, essaie-t-il, par un raisonnement logique, de donner à son élève des conseils de modération? Cette morale peut-elle toucher Néron, dans les sentiments où il se trouve? Burrhus aurait-il pu être plus adroit?

SCÈNE II. — BURRHUS, *seul.*

800 Enfin, Burrhus, Néron découvre son génie[1].
Cette férocité, que tu croyais fléchir,
De tes faibles liens est prête à s'affranchir.
En quels excès peut-être elle va se répandre!
O dieux! en ce malheur quel conseil[2] dois-je prendre?
805 Sénèque, dont les soins* me devraient soulager,
Occupé* loin de Rome, ignore ce danger.
Mais quoi? si d'Agrippine excitant la tendresse*,
Je pouvais... La voici; mon bonheur me l'adresse.

SCÈNE III. — AGRIPPINE, BURRHUS, ALBINE.

AGRIPPINE

Hé bien! je me trompais, Burrhus, dans mes soupçons?
810 Et vous vous signalez par d'illustres leçons!
On exile Pallas, dont le crime peut-être
Est d'avoir à l'Empire élevé votre maître.
Vous le savez trop bien. Jamais sans ses avis,
Claude, qu'il gouvernait, n'eût adopté mon fils.
815 Que dis-je? à son épouse on donne une rivale;
On affranchit Néron de la foi* conjugale.
Digne emploi d'un ministre ennemi des flatteurs,

---

1. *Génie* : naturel; 2. *Conseil* : décision.

━━━━━ QUESTIONS ━━━━━

● SUR LA SCÈNE II. — Quel est l'intérêt de la découverte des vers 800-803? Montrez que Burrhus est un personnage un peu emphatique ici. Cette solennité ne s'explique-t-elle pas cependant par le profond désarroi où le jette sa découverte? N'y a-t-il pas dans cette grandiloquence encore une intention parodique? Rapprochez cette attitude et les conseils que Burrhus vient de donner, à la scène précédente (vers 778-790). — Pour quelles raisons, dramatiques et psychologiques. Racine a-t-il écarté Sénèque (voir seconde Préface p. 30)?

— Que veut tenter Burrhus (vers 807-808)? A-t-il des chances de réussir?

Choisi pour mettre un frein à ses jeunes ardeurs,
De les flatter* lui-même et nourrir dans son âme
820 Le mépris de sa mère et l'oubli de sa femme!

BURRHUS

Madame, jusqu'ici c'est trop tôt m'accuser.
L'Empereur n'a rien fait qu'on ne puisse excuser.
N'imputez qu'à Pallas un exil nécessaire[1] :
Son orgueil dès[2] longtemps exigeait ce salaire[3];
825 Et l'Empereur ne fait qu'accomplir à regret
Ce que toute la cour demandait en secret.
Le reste est un malheur qui n'est point sans ressource :
Des larmes d'Octavie on peut tarir la source.
Mais calmez vos transports*. Par un chemin plus doux,
830 Vous lui pourrez plutôt ramener son époux :
Les menaces, les cris, le rendront plus farouche.

AGRIPPINE

Ah! l'on s'efforce en vain de me fermer la bouche.
Je vois que mon silence irrite* vos dédains;
Et c'est trop respecter l'ouvrage de mes mains[4].
835 Pallas n'emporte pas tout l'appui d'Agrippine :
Le ciel m'en laisse assez pour venger ma ruine.
Le fils de Claudius commence à ressentir[5]
Des crimes dont je n'ai que le seul[6] repentir.
J'irai, n'en doutez point, le montrer à l'armée,
840 Plaindre aux yeux des soldats son enfance opprimée,
Leur faire, à mon exemple, expier leur erreur.

---

1. *Nécessaire :* inévitable; 2. *Dès :* voir vers 765 et la note; 3. *Salaire :* voir vers 683 et la note; 4. Si Néron est empereur et Burrhus, ministre, c'est grâce à Agrippine; 5. *Ressentir :* éprouver du ressentiment pour; 6. « Dont je n'éprouve que du repentir » (sans en avoir tiré aucun profit).

--- QUESTIONS ---

● Vers 809-820. Commentez ce début abrupt, en pensant au vers 808. La justesse indirecte de l'affirmation contenue dans les vers 811-812. Que désigne, et avec quelle valeur, le pronom *on* (vers 815-820)? Qui, en fait, est l'instigateur de ces actes?

● Vers 821-831. Pourquoi Burrhus justifie-t-il Néron? Que valent ses arguments? Montrez l'inconfort de sa situation. Que cherche-t-il à faire (vers 829-831)?

● Vers 832-834. Pourquoi Agrippine réagit-elle ainsi?

On verra d'un côté le fils d'un empereur
Redemandant la foi* jurée à sa famille,
Et de Germanicus on entendra la fille ;
845 De l'autre, l'on verra le fils d'Enobarbus,
Appuyé de Sénèque et du tribun[1] Burrhus,
Qui, tous deux de l'exil rappelés par moi-même,
Partagent à mes yeux l'autorité suprême.
De nos crimes communs je veux qu'on soit instruit :
850 On saura les chemins par où je l'ai conduit.
Pour rendre sa puissance et la vôtre odieuses,
J'avoûrai[2] les rumeurs les plus injurieuses* :
Je confesserai tout, exils, assassinats,
Poison même...[3]

BURRHUS

Madame, ils[4] ne vous croiront pas.
855 Ils sauront récuser l'injuste stratagème
D'un témoin irrité* qui s'accuse lui-même.
Pour moi, qui le premier secondai vos desseins,
Qui fis même jurer l'armée entre ses mains,
Je ne me repens point de ce zèle sincère.
860 Madame, c'est un fils qui succède à son père.
En adoptant Néron, Claudius par son choix
De son fils et du vôtre a confondu[5] les droits.

---

1. *Le tribun Burrhus :* les tribuns exerçaient, sous la République romaine, le commandement en chef de la légion. La plupart n'avaient d'ailleurs pas de compétence militaire, étant choisis en fonction de leur haute naissance (ordre équestre ou sénatorial), et non parmi les anciens soldats ou centurions. César amorça une réforme qu'Auguste compléta en plaçant chaque légion sous les ordres d'un légat, unique, stable, officier expérimenté qui doit représenter l'Empereur auprès des soldats. Les tribuns militaires, qui subsistent, deviennent des officiers subordonnés au légat. De là vient la valeur méprisante qu'Agrippine attache à ce nom ici ; 2. *J'avoûrai :* voir vers 243 et la note ; 3. Ce passage s'inspire de Tacite (*Annales*, XIII, 14) ; voir Doc. thématique ; 4. *Ils :* les soldats ; 5. *Confondre :* rendre égaux.

━━━━ QUESTIONS ━━━━

● Vers 835-854. L'argumentation et le style de ce passage. Pourquoi le projet désespéré d'Agrippine (vers 849-854) est-il dérisoire (voir vers 60-70) ?

● Vers 854-870. Montrez le courage de Burrhus (vers 854), la part d'adresse et de vérité dans sa réponse. En quoi les vers 857-860 contiennent-ils une leçon pour Agrippine ? Démontrez que l'idée exprimée au vers 860 guide Burrhus depuis le premier acte dans ses discussions avec la mère de Néron. Quel est l'intérêt du rappel historique des vers 861-869 ? Que témoigne l'optimisme du vers 870 ?

Rome l'a pu choisir. Ainsi, sans être injuste,
Elle choisit Tibère adopté par Auguste;
865 Et le jeune Agrippa[1], de son sang descendu,
Se vit exclu du rang vainement prétendu.
Sur tant de fondements sa puissance établie
Par vous-même aujourd'hui ne peut être affaiblie;
Et, s'il m'écoute encor, Madame, sa bonté
870 Vous en fera bientôt perdre la volonté.
J'ai commencé, je vais poursuivre mon ouvrage.

Scène IV. — AGRIPPINE, ALBINE.

ALBINE

Dans quel emportement la douleur* vous engage,
Madame! L'Empereur puisse-t-il l'ignorer!

AGRIPPINE

Ah! lui-même à mes yeux puisse-t-il se montrer!

ALBINE

875 Madame, au nom des dieux, cachez votre colère.
Quoi! pour les intérêts de la sœur ou du frère,
Faut-il sacrifier le repos de vos jours?
Contraindrez-vous[2] César jusque dans ses amours?

---

1. *Agrippa* : petit-fils d'Auguste, méprisé pour sa grossièreté et son inconduite, exilé sur les instances de Livie et exécuté sur l'ordre de Tibère; 2. *Contraindre* : imposer une contrainte à.

--- QUESTIONS ---

● Sur l'ensemble de la scène III. — Comparez cette scène avec I, II. Quelle est l'importance de cette impossibilité d'entente entre Burrhus et Agrippine? Faites le point de la situation par rapport à ce qu'elle était au début de la tragédie : comment s'établissent maintenant les partis en présence?
— Comparez l'attitude d'Agrippine après l'exil de Pallas ici et chez Tacite dans le texte cité, note 3, p. 76, et reproduit dans la Documentation thématique; dégagez-en l'art d'adaptation et l'originalité de Racine.

● Vers 872-878. Sur quelle hauteur de ton la scène débute-t-elle? Où est la différence entre le vers 829 et le vers 875?

AGRIPPINE

Quoi! tu ne vois donc pas jusqu'où l'on me ravale,
880 Albine? C'est à moi qu'on donne une rivale.
Bientôt, si je ne romps ce funeste lien,
Ma place est occupée*, et je ne suis plus rien.
Jusqu'ici d'un vain titre Octavie honorée,
Inutile à la cour, en était ignorée.
885 Les grâces, les honneurs par moi seule versés,
M'attiraient des mortels les vœux intéressés.
Une autre de César a surpris[1] la tendresse* :
Elle aura le pouvoir d'épouse et de maîtresse.
Le fruit de tant de soins*, la pompe des Césars,
890 Tout deviendra le prix d'un seul de ses regards.
Que dis-je? l'on m'évite, et déjà délaissée...
Ah! je ne puis, Albine, en souffrir la pensée.
Quand je devrais du ciel hâter l'arrêt fatal[2],
Néron, l'ingrat Néron... Mais voici son rival.

---

1. *Surprendre* : s'emparer par surprise; 2. Des astrologues chaldéens, consultés
par Agrippine sur l'avenir de Néron, lui avaient annoncé qu'il la tuerait. — « Qu'il
me tue, pourvu qu'il règne », avait-elle répondu (Tacite, *Annales*, XIV, 9).

■ QUESTIONS ■

● Vers 879-882. Montrez que le vers 879 concerne directement
l'altercation qu'a eue Agrippine avec Burrhus à la scène précédente.
Élucidez le paradoxe contenu dans le motif profond de cette colère,
et souligné par les termes mêmes employés au vers 880. Révélez ce qui,
dans ces vers, trahit un vif instinct de possession et de domination.
● Vers 883-886. Soulignez l'opposition contenue dans ces quatre
vers; quelle en est la puissance? Sur quel ton Agrippine traite-t-elle
Octavie? Pourquoi, à votre avis, l'a-t-elle fait épouser à Néron? Montrez
que l'amertume d'Agrippine, cause de ses mépris pour sa belle-fille,
est accentuée par la menace présente. Qui se croit-elle aux vers 885-886?
Cette idéalisation n'est-elle pas plus un trait de caractère et une
marque de son désarroi présent qu'une vue lucide de son rôle passé?
● Vers 887-890. N'y a-t-il pas ici une équivoque dans les mots qui
soulignent la portée des vers 883-884 tout en nous inquiétant sur le personnage d'Agrippine? Quelle résonance a cette vue objective de l'amour
passionné (vers 889-890)? Révélez l'antithèse contenue dans ces deux vers.
En fait, montrez que le vers 889 justifie le mot *rivale* employé plus haut.
● Vers 891-894. Montrez comment Agrippine passe de l'idée exprimée
au vers 890 à celle qui s'amorce au vers suivant. Démontrez que tous
les mots du vers 894 ont leur importance. Que traduit, chez Agrippine,
l'emploi du mot *rival* pour désigner Britannicus? Étudiez la valeur
suggestive du style dans ces vers.

● Sur l'ensemble de la scène IV. — Comparez l'angoisse de la solitude
exprimée ici par Agrippine, et par Néron (vers 385-406 et 589-594).
Montrez qu'Agrippine est ici à la limite du déséquilibre mental.

Heather Kingsbury

Scène V. — BRITANNICUS, AGRIPPINE, NARCISSE, ALBINE.

BRITANNICUS

895 Nos ennemis communs ne sont pas invincibles,
Madame; nos malheurs trouvent des cœurs sensibles.
Vos amis et les miens, jusqu'alors si secrets[1],
Tandis que nous perdions le temps en vains regrets,
Animés du courroux qu'allume l'injustice
900 Viennent de confier leur douleur* à Narcisse.
Néron n'est pas encor tranquille possesseur
De l'ingrate qu'il aime au mépris de ma sœur.
Si vous êtes toujours sensible à son[2] injure*,
On peut dans son devoir ramener le parjure.
905 La moitié du sénat s'intéresse pour nous[3].
Sylla, Pison, Plautus[4]...

AGRIPPINE

Prince, que dites-vous?
Sylla, Pison, Plautus! les chefs de la noblesse!

BRITANNICUS

Madame, je vois bien que ce discours vous blesse,
Et que votre courroux, tremblant, irrésolu,

---

1. *Secrets* : réservés, se tenant à l'écart; 2. *Son injure* : celle qu'elle a subie; 3. *S'intéresser pour* : prendre parti pour; 4. *Cornelius Sylla*, gendre de Claude, accusé d'avoir voulu, avec l'aide de Burrhus et de Pallas, s'élever à l'Empire, sera exilé puis tué sur l'ordre de Néron (Tacite, *Annales*, XIII, 23, 47, et XIV, 57). — *Calpurnius Pison* sera plus tard chef d'une conspiration où Sénèque et Lucain, impliqués, trouveront la mort (Tacite, *Annales*, XV, 48 et suivants). — *Plautus*, descendant d'Auguste, qu'Agrippine, après la mort de Britannicus, songera à épouser, sera exilé, puis mis à mort par ordre de Néron, inquiété par ce projet (*Annales*, XIII, 19 et XIV, 22, 59).

QUESTIONS

● Vers 895-904. Pourquoi l'entrée de Britannicus est-elle particulièrement dramatique? Est-elle due au seul hasard? — Quel effet peuvent faire sur le spectateur ces vers prononcés devant Narcisse? — Montrez que les mots de Britannicus, autant que ses pensées, le perdront dans l'esprit de Néron, informé par Narcisse. Quelle est la valeur tragique du vers 900? Rapprochez les vers 901-902 du vers 754. A quoi fait allusion le mot *parjure* (vers 904)?
● Vers 905-907. Quelles sont les raisons politiques de la réaction d'Agrippine? A-t-elle tort?

910 Craint déjà d'obtenir tout ce qu'il a voulu.
Non, vous avez trop bien établi[1] ma disgrâce;
D'aucun ami pour moi ne redoutez l'audace.
Il ne m'en reste plus; et vos soins* trop prudents
Les ont tous écartés ou séduits* dès longtemps.

AGRIPPINE

915 Seigneur, à vos soupçons donnez moins de créance :
Notre salut dépend de notre intelligence[2].
J'ai promis, il suffit. Malgré vos ennemis,
Je ne révoque rien de ce que j'ai promis.
Le coupable Néron fuit en vain ma colère :
920 Tôt ou tard il faudra qu'il entende sa mère.
J'essaîrai[3] tour à tour la force et la douceur;
Ou moi-même, avec moi conduisant votre sœur,
J'irai semer partout ma crainte[4] et ses alarmes*,
Et ranger tous les cœurs du parti de ses larmes.
925 Adieu. J'assiégerai Néron de toutes parts.
Vous, si vous m'en croyez, évitez ses regards.

SCÈNE VI. — BRITANNICUS, NARCISSE.

BRITANNICUS

Ne m'as-tu point flatté* d'une fausse espérance?
Puis-je sur ton récit fonder quelque assurance,
Narcisse?

---

1. *Établir* : rendre stable; 2. *Intelligence* : entente, accord; 3. Voir vers 660 et la note; 4. *Ma crainte* : la crainte que j'inspire.

——————— QUESTIONS ———————

● VERS 908-914. Le ton de Britannicus : montrez son habileté pour stimuler Agrippine (voir vers 912).
● VERS 915-926. Les assurances données par Agrippine ne prouvent-elles pas indirectement que Britannicus a eu raison de soupçonner chez elle un moment d'hésitation? Son plan (vers 919-921) peut-il satisfaire pleinement Britannicus?

● SUR L'ENSEMBLE DE LA SCÈNE V. — Pouvait-on s'attendre à tant d'énergie de la part de Britannicus? Expliquez son état d'esprit à ce moment.

● VERS 927-929. Le tragique de ces vers : cherchez d'autres passages où le même effet tragique a déjà été obtenu.

NARCISSE

Oui. Mais, Seigneur, ce n'est pas en ces lieux
930 Qu'il faut développer[1] ce mystère à vos yeux.
Sortons. Qu'attendez-vous ?

BRITANNICUS

Ce que j'attends, Narcisse ?

Hélas !

NARCISSE

Expliquez-vous.

BRITANNICUS

Si, par ton artifice[2],

Je pouvais revoir...

NARCISSE

Qui ?

BRITANNICUS

J'en rougis. Mais enfin,
D'un cœur moins agité j'attendrais mon destin.

NARCISSE

935 Après tous mes discours, vous la croyez fidèle* ?

BRITANNICUS

Non, je la crois, Narcisse, ingrate, criminelle,
Digne de mon courroux ; mais je sens malgré moi
Que je ne le crois pas autant que je le doi[3].
Dans ses égarements mon cœur opiniâtre
940 Lui prête des raisons, l'excuse, l'idolâtre.
Je voudrais vaincre enfin mon incrédulité,
Je la voudrais haïr avec tranquillité.
Et qui croira qu'un cœur si grand en apparence,
D'une infidèle* cour ennemi dès l'enfance,

---

1. *Développer* : expliquer ; 2. *Artifice* : habileté ; 3. *Doi* : voir vers 341 et la note.

— QUESTIONS —

● Vers 929-931. Montrez l'exactitude de cette remarque et son adresse.
● Vers 931-934. Étudiez le rythme de ces vers. Montrez la justesse psychologique de ce mouvement.

945 Renonce à tant de gloire* et dès le premier jour
Trame une perfidie inouïe à la cour?

NARCISSE

Et qui sait si l'ingrate, en sa longue retraite,
N'a point de l'Empereur médité la défaite?
Trop sûre que ses yeux ne pouvaient se cacher,
950 Peut-être elle fuyait pour se faire chercher,
Pour exciter Néron par la gloire* pénible
De vaincre une fierté* jusqu'alors invincible.

BRITANNICUS

Je ne la puis donc voir?

NARCISSE

Seigneur, en ce moment
Elle reçoit les vœux de son nouvel amant.

BRITANNICUS

955 Hé bien! Narcisse, allons. Mais que vois-je? C'est elle.

NARCISSE, *à part.*

Ah, dieux! A l'Empereur portons cette nouvelle.

SCÈNE VII. — BRITANNICUS, JUNIE.

JUNIE

Retirez-vous, Seigneur, et fuyez un courroux
Que ma persévérance[1] allume contre vous.
Néron est irrité. Je me suis échappée

---

1. *Persévérance :* fidélité.

──── QUESTIONS ────

● Vers 936-946. Faites, dans ces doutes, la part de l'amour et celle de la lucidité. Cherchez dans le vocabulaire employé la preuve que Britannicus s'excuse auprès de Narcisse de son incrédulité.
● Vers 947-952. Que révèlent du caractère de Narcisse les intentions que celui-ci prête à Junie, alors qu'il sait la vérité?
● Vers 953-956. Indiquez les répercussions possibles de ce coup de théâtre et son effet sur Narcisse.

● Sur l'ensemble de la scène VI. — Le désir de revoir Junie est-il naturel de la part de Britannicus au moment où il reprend confiance en l'avenir?
    — Montrez le rôle diabolique de Narcisse. En quoi le coup de théâtre du vers 955 accroît-il le tragique?

960 Tandis qu'à l'arrêter[1] sa mère est occupée*.
   Adieu; réservez-vous, sans blesser mon amour,
   Au plaisir de me voir justifier[2] un jour.
   Votre image sans cesse est présente à mon âme :
   Rien ne l'en peut bannir.

BRITANNICUS

                    Je vous entends[3], Madame.
965 Vous voulez que ma fuite assure vos désirs,
   Que je laisse un champ libre à vos nouveaux soupirs*.
   Sans doute, en me voyant, une pudeur* secrète
   Ne vous laisse goûter qu'une joie inquiète*.
   Hé bien! il faut partir.

JUNIE

                    Seigneur, sans m'imputer...

BRITANNICUS

970 Ah! vous deviez[4] du moins plus longtemps disputer[5]!
   Je ne murmure[6] point qu'une amitié* commune[7]
   Se range du parti que flatte* la fortune,
   Que l'éclat d'un empire ait pu vous éblouir,
   Qu'aux dépens de ma sœur vous en vouliez jouir;
975 Mais que, de ces grandeurs comme une autre occupée*,
   Vous m'en ayez paru si longtemps détrompée[8],
   Non, je l'avoue encor, mon cœur désespéré
   Contre ce seul malheur n'était point préparé.
   J'ai vu sur ma ruine élever[9] l'injustice;
980 De mes persécuteurs j'ai vu le ciel complice.
   Tant d'horreurs n'avaient point épuisé son courroux,
   Madame : il me restait d'être oublié de vous.

---

1. *Arrêter :* retenir; 2. *Justifier :* de me voir me justifier; voir vers 612;
3. *Entendre :* voir vers 245 et la note; 4. *Vous deviez :* vous auriez dû; 5. *Dis-puter :* délibérer avec vous-même, tenir tête à votre penchant; 6. *Murmurer :* se plaindre; 7. *Une amitié commune :* un amour vulgaire; 8. *Détrompée :* dépourvue d'ambition; 9. *Elever :* s'élever; voir vers 612 et 962.

--- QUESTIONS ---

● Vers 957-964. Révélez la densité de cette réplique et expliquez-en la cause. Dans quel souci Racine a-t-il mis l'indication du vers 960?
● Vers 964-969. Étudiez l'expression du dépit amoureux.
● Vers 970-982. Soulignez ce qu'il y a de blessant pour Junie ici. Sur quel sentiment joue Britannicus dans les vers 979-982?

JUNIE

Dans un temps plus heureux ma juste impatience*
Vous ferait repentir de votre défiance.
985 Mais Néron vous menace : en ce pressant danger,
Seigneur, j'ai d'autres soins* que de vous affliger.
Allez, rassurez-vous, et cessez de vous plaindre :
Néron nous écoutait, et m'ordonnait de feindre.

BRITANNICUS

Quoi! le cruel...

JUNIE

Témoin de tout notre entretien,
990 D'un visage sévère examinait le mien,
Prêt à faire sur vous éclater la vengeance
D'un geste confident de notre intelligence[1].

BRITANNICUS

Néron nous écoutait, Madame! Mais, hélas!
Vos yeux auraient pu feindre, et ne m'abuser pas,
995 Ils pouvaient me nommer l'auteur de cet outrage.
L'amour est-il muet, ou n'a-t-il qu'un langage?
De quel trouble un regard pouvait me préserver!
Il fallait...

JUNIE

Il fallait me taire et vous sauver.
Combien de fois, hélas! puisqu'il faut vous le dire,
1000 Mon cœur de son désordre* allait-il vous instruire!

---

1. « D'un geste auquel nous aurions confié notre secret accord, qui aurait révélé notre complicité. »

QUESTIONS

● VERS 983-988. Que veut dire Junie aux vers 983-984? — Pourquoi a-t-elle attendu jusqu'ici (vers 988) pour faire cette révélation?
● VERS 989-992. Si juste que puisse être la colère de Junie contre Britannicus, n'y a-t-il pas quelque dureté dans la façon dont elle lui démontre son innocence en lui apprenant la terrible vérité? Quel trait de caractère commun à toutes les héroïnes raciniennes apparaît ici?
● VERS 993-998. Britannicus est-il aussi effrayé par la révélation de Junie qu'on pouvait s'y attendre? De quel sentiment ne peut-il se délivrer?
● VERS 998-1019. Sur quel ton Junie coupe-t-elle Britannicus? Définissez le style de ce passage et expliquez le sens des vers 1015-1016. — Ce long retour sur la scène VI de l'acte II n'est-il pas inutile?

De combien de soupirs* interrompant le cours
Ai-je évité vos yeux que je cherchais toujours!
Quel tourment* de se taire en voyant ce qu'on aime,
De l'entendre gémir, de l'affliger soi-même,
1005 Lorsque par un regard on peut[1] le consoler!
Mais quels pleurs ce regard aurait-il fait couler!
Ah! dans ce souvenir, inquiète*, troublée,
Je ne me sentais pas assez dissimulée.
De mon front effrayé je craignais la pâleur;
1010 Je trouvais mes regards trop pleins de ma douleur*.
Sans cesse il me semblait que Néron en colère
Me venait reprocher trop de soin* de vous plaire;
Je craignais mon amour vainement renfermé;
Enfin j'aurais voulu n'avoir jamais aimé.
1015 Hélas! pour son bonheur, Seigneur, et pour le nôtre,
Il n'est que trop instruit de mon cœur et du vôtre!
Allez, encore un coup, cachez-vous à ses yeux;
Mon cœur plus à loisir vous éclaircira* mieux.
De mille autres secrets j'aurais compte à vous rendre.

BRITANNICUS

1020 Ah! n'en voilà que trop! C'est trop me faire entendre,
Madame, mon bonheur, mon crime, vos bontés!
Et savez-vous pour moi tout ce que vous quittez?
(Se jetant aux pieds de Junie.)
Quand pourrais-je à vos pieds expier ce reproche?

JUNIE

Que faites-vous? Hélas! votre rival s'approche.

---

1. On peut : on pourrait.

● **QUESTIONS** ────────────

● Vers 1020-1023. L'attitude de Britannicus : pourquoi tant de bonheur
et si peu de crainte?
● Vers 1024. L'arrivée, à point nommé, de Néron, est-elle un hasard
(voir vers 956)? Rappelez d'autres circonstances antérieures où Narcisse
a joué déjà le rôle du destin. — La situation ne pourrait-elle pas aussi
être comparée à une situation de comédie? Mais avec quelle différence?

● SUR L'ENSEMBLE DE LA SCÈNE VII. — Étudiez le mouvement de cette
scène, en en soulignant les articulations et l'importance dramatique.
Quels traits de caractère Junie montre-t-elle ici? Qu'est-ce qui rend
tragique cette scène de dépit amoureux, courante dans les comédies?

SCÈNE VIII. — NÉRON, BRITANNICUS, JUNIE.

NÉRON

1025 Prince, continuez des transports* si charmants*.
Je conçois vos bontés par ses remerciements,
Madame : à vos genoux je viens de le surprendre.
Mais il aurait aussi quelque grâce à me rendre :
Ce lieu le favorise, et je vous y retiens
1030 Pour lui faciliter de si doux entretiens.

BRITANNICUS

Je puis mettre à ses pieds ma douleur* ou ma joie
Partout où sa bonté consent que je la voie;
Et l'aspect de ces lieux où vous la retenez
N'a rien dont mes regards doivent être étonnés*.

NÉRON

1035 Et que vous montrent-ils qui ne vous avertisse
Qu'il faut qu'on me respecte et que l'on m'obéisse?

BRITANNICUS

Ils ne nous ont pas vus l'un et l'autre élever,
Moi pour vous obéir, et vous pour me braver,
Et ne s'attendaient pas, lorsqu'ils nous virent naître,
1040 Qu'un jour Domitius[1] me dût parler en maître.

NÉRON

Ainsi par le destin nos vœux sont traversés*,
J'obéissais alors, et vous obéissez.

---

1. *Domitius :* voir vers 17 et 18, et la note.

■ QUESTIONS

● VERS 1025-1034. Caractérisez le ton de Néron et montrez que ce début commande toute la scène. — Que veut dire Néron (vers 1028-1030)? — Montrez que la réponse de Britannicus lui est strictement parallèle. — Expliquez les vers 1033-1034.
● VERS 1035-1044. Précisez en quoi la menace proférée par Néron (vers 1035-1036) est adaptée à la situation et difficilement compréhensible pour Britannicus si Junie ne lui a expliqué la scène VI de l'acte II. — Expliquez le point que les deux personnages discutent (vers 1037-1040) et montrez la maladresse de Britannicus. — Rapprochez ce qu'il y a de blessant, dans le vers 1040, d'un procédé équivalent employé par Agrippine envers Burrhus (I, II et III, III).

Si vous n'avez appris à vous laisser conduire,
Vous êtes jeune encore et l'on peut vous instruire.

BRITANNICUS

1045 Et qui m'en instruira?

NÉRON

Tout l'Empire à la fois,

Rome.

BRITANNICUS

Rome met-elle au nombre de vos droits
Tout ce qu'a[1] de cruel l'injustice et la force,
Les empoisonnements, le rapt et le divorce?

NÉRON

Rome ne porte point ses regards curieux
1050 Jusque dans des secrets que je cache à ses yeux.
Imitez son respect.

BRITANNICUS

On sait ce qu'elle en pense.

NÉRON

Elle se tait du moins; imitez son silence.

BRITANNICUS

Ainsi Néron commence à ne se plus forcer[2].

NÉRON

Néron de vos discours commence à se lasser.

BRITANNICUS

1055 Chacun devait bénir le bonheur de son règne.

---

1. *A* : accord, fréquent au XVIIe siècle, avec le sujet le plus proche; 2. *Se forcer* : se contraindre.

──────── QUESTIONS ────────

● Vers 1045-1056. Étudiez cette lutte vers à vers, particulièrement le rythme et le ton des deux premiers vers. Expliquez les allusions historiques du vers 1048. Qu'y a-t-il d'irréparable dans le vers 1053? A quel aveu (vers 1056) Britannicus a-t-il contraint Néron? Ce vers n'est il pas la maxime même du despotisme?

NÉRON

Heureux ou malheureux[1], il suffit qu'on me craigne.

BRITANNICUS

Je connais mal Junie, ou de tels sentiments
Ne mériteront pas ses applaudissements.

NÉRON

Du moins, si je ne sais le secret de lui plaire,
1060 Je sais l'art de punir un rival téméraire.

BRITANNICUS

Pour moi, quelque péril qui me puisse accabler,
Sa seule inimitié[2] peut me faire trembler.

NÉRON

Souhaitez-la : c'est tout ce que je vous puis dire.

BRITANNICUS

Le bonheur de lui plaire est le seul où j'aspire.

NÉRON

1065 Elle vous l'a promis, vous lui plairez toujours.

BRITANNICUS

Je ne sais pas du moins épier ses discours.
Je la laisse expliquer[3] sur tout ce qui me touche,
Et ne me cache point pour lui fermer la bouche.

NÉRON

Je vous entends[4]. Hé bien, gardes!

JUNIE

                                    Que faites-vous?
1070 C'est votre frère. Hélas! c'est un amant jaloux!

---

1. Les adjectifs se rapportent à *règne*; 2. C'est seulement son inimitié qui;
3. *Expliquer* : s'expliquer; voir vers 612, 962, 979; 4. *Entendre* : voir vers 245 et
la note.

● QUESTIONS ———————

● VERS 1057-1069. Le défi de Britannicus mettant Junie en cause.
Expliquez ce qu'il y a de sous-entendu au vers 1063; les sentiments de
Néron au vers 1065. Quelle folle imprudence commet Britannicus aux
vers 1066-1068? Pourquoi la rupture est-elle inévitable?

Phot. Lipnitzki.

« Souffrez que, de vos cœurs rapprochant les liens,
Je me cache à vos yeux, et me dérobe aux siens. » (Vers 1073-1074.)

**BRITANNICUS (René Alexandre), JUNIE (Renée Faure)
et NÉRON (Jean Marais).**

Comédie-Française (1952).

Seigneur, mille malheurs persécutent sa vie.
Ah! son bonheur peut-il exciter votre envie?
Souffrez que, de vos cœurs rapprochant les liens,
Je me cache à vos yeux, et me dérobe aux siens.
1075 Ma fuite arrêtera vos discordes fatales;
Seigneur, j'irai remplir[1] le nombre des Vestales[2].
Ne lui disputez plus mes vœux[3] infortunés :
Souffrez que les dieux seuls en soient importunés.

NÉRON

L'entreprise[4], Madame, est étrange et soudaine.
1080 Dans son appartement, gardes, qu'on la ramène.
Gardez Britannicus dans celui de sa sœur.

BRITANNICUS

C'est ainsi que Néron sait disputer un cœur.

JUNIE

Prince, sans l'irriter*, cédons à cet orage.

NÉRON

Gardes, obéissez sans tarder davantage.

SCÈNE IX. — NÉRON, BURRHUS.

BURRHUS

1085 Que vois-je? O ciel!

---

1. *Remplir :* compléter; 2. *Vestales :* dix-huit prêtresses, ayant fait vœu de chasteté, chargées d'entretenir le feu sacré de la cité sur l'autel de Vesta; 3. *Vœux :* amour; 4. *Entreprise :* dessein.

--- **QUESTIONS** ---

● Vers 1069-1084. Expliquez l'attitude de Junie jusqu'ici et justifiez son intervention. — Que révèlent, psychologiquement, les trois dernières répliques?

● Sur l'ensemble de la scène VIII. — Cette rencontre est-elle, pour le spectateur, une surprise (voir vers 926, 956 à 958)? Analysez la structure de cette scène.

   — Définissez l'attitude de Britannicus, ses manifestations successives et étudiez l'attitude correspondante de Néron. Plaignez-vous sans réserve Britannicus? Pourquoi?

NÉRON, *sans voir Burrhus.*

Ainsi leurs feux[1] sont redoublés.
Je reconnais la main qui les a rassemblés.
Agrippine ne s'est présentée à ma vue,
Ne s'est dans ses discours si longtemps étendue[2],
Que pour faire jouer ce ressort odieux.
                    (Apercevant Burrhus.)
1090 Qu'on sache si ma mère est encore en ces lieux.
Burrhus, dans ce palais je veux qu'on la retienne,
Et qu'au lieu de sa garde on lui donne la mienne.

BURRHUS

Quoi! Seigneur, sans l'ouïr? Une mère?

NÉRON

                              Arrêtez.
J'ignore quel projet, Burrhus, vous méditez;
1095 Mais, depuis quelques jours, tout ce que je désire
Trouve en vous un censeur[3] prêt à me contredire.
Répondez-m'en, vous dis-je; ou, sur votre refus,
D'autres me répondront et d'elle et de Burrhus.

---

1. *Feux* : passion amoureuse; 2. Allusion à l'entrevue de Néron et d'Agrippine, qui a eu lieu dans la coulisse (voir vers 960); 3. Voir vers 271 et la note.

QUESTIONS

● Vers 1085-1089. L'importance de ces quatre vers pour l'action. Néron a-t-il tort d'associer sa mère au « complot »?
● Vers 1090-1098. Que signifie le vers 1092 et, par référence à celui-ci, le vers 1093? Expliquez, en vous aidant des vers précédents, le changement que les cinq derniers vers montrent chez Néron.

● Sur l'ensemble de la scène IX. — Quel est l'intérêt de l'arrivée de Burrhus à ce moment? Rapprochez cette scène des trois premières scènes de ce même acte. Burrhus est-il récompensé de ses efforts? Quel rôle joue-t-il toujours si on le compare à Narcisse?

● Sur l'ensemble de l'acte III. — Montrez que cet acte insiste plus sur l'aspect politique que sur l'aspect passionnel de la tragédie. Est-ce qu'Agrippine garde, dans le développement du complot, l'initiative qu'elle semblait détenir au début de l'acte? Quel personnage se donne l'illusion d'être plus fort que Néron et de mener le jeu?
— Analysez le caractère de Britannicus d'après cet acte.
— Comment se précise le caractère de Néron entre la première et la dernière scène? Le dénouement est-il prévisible? Quel est le seul personnage qui pourrait maintenant en modifier le cours?

ACTE IV

Scène première. — AGRIPPINE, BURRHUS.

BURRHUS

Oui, Madame, à loisir vous pourrez vous défendre :
1100 César lui-même ici consent de vous entendre.
Si son ordre au palais vous a fait retenir,
C'est peut-être à dessein de vous entretenir.
Quoi qu'il en soit, si j'ose expliquer ma pensée,
Ne vous souvenez plus qu'il vous ait[1] offensée :
1105 Préparez-vous plutôt à lui tendre les bras;
Défendez-vous, Madame, et ne l'accusez pas.
Vous voyez, c'est lui seul que la cour envisage.
Quoiqu'il soit votre fils, et même votre ouvrage,
Il est votre empereur. Vous êtes comme nous
1110 Sujette à[2] ce pouvoir qu'il a reçu de vous.
Selon qu'il vous menace, ou bien qu'il vous caresse[3],
La cour autour de vous ou s'écarte, ou s'empresse;
C'est son appui qu'on cherche en cherchant votre appui.
Mais voici l'Empereur.

AGRIPPINE

Qu'on me laisse avec lui.

---

1. *Ait* : subjonctif exprimant une idée de doute; 2. *Sujette à* : soumise à; 3. *Caresser* : flatter.

--- **QUESTIONS** ---

● Vers 1099. Que s'est-il passé pendant l'entracte (voir vers 1093)?
● Vers 1100-1114. Montrez, à l'aide des vers 235-244 et 821-831, la constance de la méthode employée par Burrhus avec Agrippine (vers 1101-1102). — Révélez la maladresse des vers 1109-1110. — Rapprochez l'avertissement du vers 1113 de celui du vers 274.

● Sur l'ensemble de la scène première. — Pourquoi cette ultime entrevue, ce dernier conseil de Burrhus, avant l'entrevue d'Agrippine et de Néron?
— Interprétez le silence d'Agrippine dans cette scène.

Scène II. — AGRIPPINE, NÉRON.

AGRIPPINE, *s'asseyant*.

1115 Approchez-vous, Néron, et prenez votre place.
On veut sur vos soupçons que je vous satisfasse[1].
J'ignore de quel crime on a pu me noircir :
De tous ceux que j'ai faits je vais vous éclaircir*.
Vous régnez. Vous savez combien votre naissance
1120 Entre l'Empire et vous avait mis de distance.
Les droits de mes aïeux[2], que Rome a consacrés,
Étaient même, sans moi, d'inutiles degrés.
Quand de Britannicus la mère condamnée[3]
Laissa de Claudius disputer l'hyménée,
1125 Parmi tant de beautés[4] qui briguèrent son choix,
Qui de ses affranchis mendièrent les voix,
Je souhaitai son lit, dans la seule pensée
De vous laisser au trône où je serais placée.
Je fléchis mon orgueil, j'allai prier Pallas.
1130 Son maître, chaque jour caressé dans mes bras,
Prit insensiblement dans les yeux de sa nièce[5]
L'amour où je voulais amener sa tendresse*.
Mais ce lien du sang qui nous joignait tous deux
Écartait Claudius d'un lit incestueux.
1135 Il n'osait épouser la fille de son frère.
Le sénat fut séduit* : une loi moins sévère
Mit Claude dans mon lit, et Rome à mes genoux.
C'était beaucoup pour moi, ce n'était rien pour vous.

---

1. « Que je vous donne satisfaction en me justifiant »; 2. Son arrière-grand-père Auguste et son grand-oncle Tibère (voir vers 156 et la note); 3. *La mère condamnée* : la condamnation de Messaline; 4. Lollia Paulina s'appuyait sur Calliste, Agrippine sur Pallas; Narcisse encourageait Claude à reprendre son ancienne femme, Paetina, qui avait précédé Messaline; 5. Germanicus, père d'Agrippine, était frère de Claude. (Voir Généalogie des Césars, p. 20); le sénat (voir vers 1136-1137) autorisa, par un sénatus-consulte, le mariage de Claude avec sa nièce, que n'aurait pas permis le droit romain.

--- QUESTIONS ---

● Vers 1115-1118. Commentez ce début; expliquez *votre place*. Imaginez, en vous référant aux vers 1090 à 1092 et 1100, la réaction de Néron.
● Vers 1119-1138. Expliquez l'antithèse des vers 1119-1122 en en soulignant la disproportion voulue. — Donnez un titre aux vers 1123-1138 : quelles sont les deux étapes franchies par Agrippine? Use-t-elle du même ton, du même nombre de vers pour rappeler chacune d'elles? En quoi Agrippine a-t-elle raison (vers 1138)? Quelle peut être la réaction de Néron?

Je vous fis sur mes pas entrer dans sa famille :
1140 Je vous nommai son gendre, et vous donnai sa fille.
Silanus, qui l'aimait, s'en vit abandonné,
Et marqua de son sang[1] ce jour infortuné.
Ce n'était rien encore. Eussiez-vous pu prétendre
Qu'un jour Claude à son fils dût préférer son gendre?
1145 De ce même Pallas j'implorai le secours :
Claude vous adopta[2], vaincu par ses discours,
Vous appela Néron, et du pouvoir suprême
Voulut avant le temps vous faire part lui-même.
C'est alors que chacun, rappelant le passé,
1150 Découvrit mon dessein, déjà trop avancé;
Que de Britannicus la disgrâce future
Des amis de son père excita le murmure.
Mes promesses aux uns éblouirent les yeux;
L'exil me délivra des plus séditieux;
1155 Claude même, lassé de ma plainte éternelle,
Éloigna de son fils tous ceux de qui le zèle,
Engagé dès longtemps à suivre son destin,
Pouvait du trône encor lui rouvrir le chemin.
Je fis plus : je choisis moi-même dans ma suite
1160 Ceux à qui je voulais qu'on livrât sa conduite[3];
J'eus soin de vous nommer, par un contraire[4] choix,
Des gouverneurs que Rome honorait de sa voix.
Je fus sourde à la brigue[5], et crus la renommée.

---

1. Voir Tacite (*Annales*, XII, 1 à 3, 5 à 9) et vers 64; 2. Pallas persuada Claude de donner, comme appui à Britannicus, Néron, plus âgé. Du fait de cette adoption, Domitius devenait membre de la famille de Claude. La cérémonie eut lieu entre les fiançailles et le mariage de Néron et d'Octavie; 3. *Conduite* : éducation. Ce passage s'inspire de Tacite (*Annales*, XII, 41; voir Doc. thématique); 4. *Contraire* : opposé. Les précepteurs de Britannicus, tirés de la « suite » d'Agrippine, sont des gens de réputation douteuse; ceux de Néron sont illustres; 5. *Brigue* : intrigues pour obtenir une fonction, un honneur.

● **QUESTIONS** ●

● Vers 1139-1148. Thème, composition, valeur rythmique de l'articulation dans ce passage. Rapprochez le vers 1145 de la décision d'exiler Pallas.
● Vers 1149-1158. Montrez l'importance de cet autre aspect de la politique d'Agrippine. Dit-elle vrai en parlant des oppositions qu'elle eut à vaincre (voir, à ce sujet, les propos de Britannicus [vers 305-310 et 319-336] et ceux d'Agrippine elle-même [vers 837-838])?
● Vers 1159-1172. Donnez un titre à ce passage; expliquez le contraste des vers 1159-1162. Pourquoi la rapide allusion du vers 1166, qui rompt un instant le récit? Est-ce un effet calculé?

J'appelai de l'exil, je tirai de l'armée,
1165 Et ce même Sénèque, et ce même Burrhus,
Qui depuis... Rome alors estimait leurs vertus.
De Claude en même temps épuisant les richesses,
Ma main, sous votre nom, répandait ses largesses :
Les spectacles, les dons, invincibles appas,
1170 Vous attiraient les cœurs du peuple et des soldats,
Qui d'ailleurs, réveillant leur tendresse* première,
Favorisaient en vous Germanicus mon père[1].
Cependant Claudius penchait vers son déclin.
Ses yeux, longtemps fermés, s'ouvrirent à la fin :
1175 Il connut[2] son erreur. Occupé* de sa crainte,
Il laissa pour son fils échapper quelque plainte,
Et voulut, mais trop tard, assembler ses amis.
Ses gardes, son palais, son lit m'étaient soumis.
Je lui laissai sans fruit consumer sa tendresse*,
1180 De ses derniers soupirs je me rendis maîtresse :
Mes soins*, en apparence épargnant ses douleurs,
De son fils, en mourant[3], lui cachèrent les pleurs.
Il mourut. Mille bruits en courent à ma honte.
J'arrêtai de sa mort la nouvelle trop prompte ;
1185 Et, tandis que Burrhus allait secrètement
De l'armée en vos mains exiger le serment,
Que vous marchiez au camp[4] conduit sous mes auspices[5],
Dans Rome les autels fumaient de sacrifices ;
Par mes ordres trompeurs tout le peuple excité
1190 Du prince déjà mort demandait la santé.
Enfin des légions l'entière obéissance
Ayant de votre empire affermi la puissance,

---

1. Germanicus était resté très populaire dans l'armée; 2. *Connaître :* reconnaître;
3. *En mourant :* à la mort; 4. Le camp des cohortes prétoriennes, aux portes de
Rome depuis le règne de Tibère; 5. *Sous mes auspices :* sous ma direction et ma
protection. Les *auspices* sont, à l'origine, les présages par lesquels les dieux révèlent
leurs intentions pour l'avenir.

--------- QUESTIONS ---------

● Vers 1173-1183. Sur quel ton Agrippine parle-t-elle des circonstances
qui entourèrent la mort de Claude? Montrez qu'elle est cynique en
feignant de rester objective et discrète.
● Vers 1184-1194. Quel autre aspect de son habileté met-elle ici en
lumière? Comment explique-t-elle la réussite de son coup d'État? Importance du vers 1194. — Rapprochez ce passage du texte de Tacite (*Annales*,
XII, 41; voir la Documentation thématique).

On vit Claude[1]; et le peuple, étonné* de son sort,
Apprit en même temps votre règne et sa mort.
1195 C'est le sincère aveu que je voulais vous faire.
Voilà tous mes forfaits. En voici le salaire[2].
Du fruit de tant de soins* à peine[3] jouissant
En avez-vous six mois paru reconnaissant,
Que, lassé d'un respect qui vous gênait[4] peut-être,
1200 Vous avez affecté de ne me plus connaître.
J'ai vu Burrhus, Sénèque, aigrissant* vos soupçons,
De l'infidélité* vous tracer des leçons,
Ravis[5] d'être vaincus dans leur propre science.
J'ai vu favoriser de votre confiance
1205 Othon, Sénécion[6], jeunes voluptueux
Et de tous vos plaisirs flatteurs respectueux;
Et lorsque, vos mépris excitant mes murmures,
Je vous ai demandé raison de tant d'injures
(Seul recours d'un ingrat qui se voit confondu),
1210 Par de nouveaux affronts vous m'avez répondu.
Aujourd'hui je promets Junie à votre frère;
Ils se flattent* tous deux du choix de votre mère :
Que faites-vous? Junie, enlevée à[7] la cour,
Devient en une nuit l'objet de votre amour;
1215 Je vois de votre cœur Octavie effacée,
Prête à[8] sortir du lit où je l'avais placée;
Je vois Pallas banni, votre frère arrêté;
Vous attentez enfin jusqu'à ma liberté :
Burrhus ose sur moi porter ses mains hardies.
1220 Et lorsque, convaincu de tant de perfidies,
Vous deviez[9] ne me voir que pour les expier,
C'est vous qui m'ordonnez de me justifier.

---

1. « On fut admis à voir son cadavre »; ce passage s'inspire de Tacite (*Annales*, XII, 67 à 69), dont le texte est cité dans la Doc. thématique; 2. *Salaire :* voir vers 683 et la note; 3. *A peine* (sens actuel) modifie *jouissant* et *reconnaissant;* 4. *Gêner :* tourmenter (sens fort); 5. Voir vers 395 et la note; 6. *Othon :* aristocrate, mari de Poppée, qu'il céda à Néron après la répudiation d'Octavie; il devint empereur (69); *Sénécion,* fils d'un affranchi de Claude; 7. « Enlevée et amenée de force à la cour »; 8. *Prête à :* sur le point de; 9. *Vous deviez :* vous auriez dû; voir vers 970.

■ QUESTIONS

● Vers 1195-1219. La progression des arguments et du ton dans cette seconde partie de la tirade : soulignez le contraste par rapport à la première partie.
● Vers 1220-1222. La valeur de ce dernier argument pour Agrippine et pour Néron.

NÉRON

Je me souviens toujours que je vous dois l'Empire,
Et sans vous fatiguer du soin* de le redire,
1225 Votre bonté, Madame, avec tranquillité
Pouvait se reposer sur ma fidélité*.
Aussi bien ces soupçons, ces plaintes assidues[1],
Ont fait croire à tous ceux qui les ont entendues
Que jadis (j'ose ici vous le dire entre nous)
1230 Vous n'aviez, sous mon nom, travaillé que pour vous.
« Tant d'honneurs, disaient-ils, et tant de déférences[2],
Sont-ce de ses bienfaits de faibles récompenses?
Quel crime a donc commis ce fils tant condamné?
Est-ce pour obéir[3] qu'elle l'a couronné?
1235 N'est-il de son pouvoir que le dépositaire? »
Non que, si jusque-là j'avais pu vous complaire,
Je n'eusse pris plaisir, Madame, à vous céder
Ce pouvoir que vos cris semblaient redemander.
Mais Rome veut un maître, et non une maîtresse.
1240 Vous entendiez les bruits qu'excitait ma faiblesse.
Le sénat chaque jour et le peuple, irrités*
De s'ouïr par ma voix dicter vos volontés,
Publiaient qu'en mourant Claude avec sa puissance
M'avait encor laissé sa simple[4] obéissance.
1245 Vous avez vu cent fois nos soldats en courroux
Porter en murmurant leurs aigles[5] devant vous,
Honteux de rabaisser par cet indigne usage
Les héros dont encore elles portent l'image.
Toute autre se serait rendue à leurs discours,
1250 Mais si vous ne régnez, vous vous plaignez toujours.
Avec Britannicus contre moi réunie,

---

1. *Assidues :* continuelles; **2.** *Déférences :* marques de déférence; **3.** *Pour obéir :* pour qu'il obéisse; **4.** *Simple obéissance :* soumission naïve, par faiblesse; **5.** *Aigles* qui surmontaient, ornées des *images* (vers 1248) des dieux et des empereurs, la hampe des enseignes.

■ QUESTIONS ────────────────────

● Vers 1223-1230. Le ton de cette réponse. Montrez l'importance, pour le développement qui les suit, des vers 1227-1230. Quel effet peut produire sur Agrippine le vers 1230?
● Vers 1231-1250. Montrez l'art de la présentation des griefs de Néron (vers 1231-1235); par comparaison, étudiez l'habileté et la sincérité des vers 1236-1238. Commentez le vers 1239. Que cherche à démontrer Néron dans les neuf vers suivants? Appréciez le ton et la part de vérité des vers 1249-1250.

Vous le fortifiez du parti de Junie ;
Et la main de Pallas trame tous ces complots.
Et, lorsque malgré moi j'assure mon repos,
1255 On vous voit de colère et de haine animée.
Vous voulez présenter mon rival à l'armée :
Déjà jusques au camp le bruit en a couru.

AGRIPPINE

Moi, le faire empereur, ingrat ! L'avez-vous cru ?
Quel serait mon dessein ? Qu'aurais-je pu prétendre ?
1260 Quels honneurs dans sa cour, quel rang pourrais-je
[attendre ?
Ah ! si sous votre empire on ne m'épargne pas,
Si mes accusateurs observent tous mes pas,
Si de leur empereur ils poursuivent la mère,
Que ferais-je au milieu d'une cour étrangère ?
1265 Ils me reprocheraient, non des cris impuissants,
Des desseins étouffés aussitôt que naissants,
Mais des crimes pour vous commis à votre vue,
Et dont je ne serais que trop tôt convaincue.
Vous ne me trompez point, je vois tous vos détours :
1270 Vous êtes un ingrat, vous le fûtes toujours.
Dès vos plus jeunes ans mes soins* et mes tendresses*
N'ont arraché de vous que de feintes caresses[1].
Rien ne vous a pu vaincre ; et votre dureté
Aurait dû dans son cours arrêter ma bonté.
1275 Que je suis malheureuse ! Et par quelle infortune
Faut-il que tous mes soins* me rendent importune ?
Je n'ai qu'un fils. O ciel, qui m'entends aujourd'hui,
T'ai-je fait quelques vœux[2] qui ne fussent pour lui ?
Remords, crainte, périls, rien ne m'a retenue ;
1280 J'ai vaincu ses mépris ; j'ai détourné ma vue
Des malheurs qui dès lors me furent annoncés[3] ;
J'ai fait ce que j'ai pu : vous régnez, c'est assez.

---

1. *Caresses :* manifestations de tendresse ; 2. *Vœux :* prières ; 3. Voir vers 893 et la note.

———— QUESTIONS ————

● VERS 1251-1257. Étudiez la progression de ce passage, l'importance des griefs de Néron et leur précision.
● VERS 1258-1268. Pourquoi Agrippine nie-t-elle ce qu'elle avait pourtant prévu aux vers 839 et suivants ? Les arguments qu'elle donne pour se défendre ne prouvent-ils pas que ce projet aurait été contraire à ses propres intérêts ?

Avec ma liberté, que vous m'avez ravie,
Si vous le souhaitez, prenez encor ma vie,
1285 Pourvu que par ma mort tout le peuple irrité*
Ne vous ravisse pas ce qui m'a tant coûté.

NÉRON

Hé bien donc! prononcez. Que voulez-vous qu'on fasse?

AGRIPPINE

De mes accusateurs qu'on punisse l'audace,
Que de Britannicus on calme le courroux,
1290 Que Junie à son choix puisse prendre un époux,
Qu'ils soient libres tous deux, et que Pallas demeure,
Que vous me permettiez de vous voir à toute heure,
      (Apercevant Burrhus dans le fond du théâtre)
Que ce même Burrhus, qui nous vient écouter,
A votre porte enfin n'ose plus m'arrêter.

NÉRON

1295 Oui, Madame, je veux que ma reconnaissance
Désormais dans les cœurs grave votre puissance;
Et je bénis déjà cette heureuse froideur,
Qui de notre amitié* va rallumer l'ardeur.
Quoi que Pallas ait fait, il suffit, je l'oublie;
1300 Avec Britannicus je me réconcilie;
Et quant à cet amour qui nous a séparés,
Je vous fais notre arbitre, et vous nous jugerez.
Allez donc, et portez cette joie à mon frère.
Gardes, qu'on obéisse aux ordres de ma mère.

——— QUESTIONS ———

● Vers 1269-1286. Quel aspect d'Agrippine apparaît ici? Dans quelle mesure est-elle hypocrite, dans quelle mesure est-elle sincère?
● Vers 1288-1294. Caractérisez ce passage; ton, importance des exigences, contraste avec le discours d'Agrippine au début de la scène.
● Vers 1295-1304. Où réside la surprise du spectateur à cette nouvelle? Rapprochez-en le vers 1287. Ne reste-t-il pas quelque inquiétude?

● Sur l'ensemble de la scène II. — Est-ce la première entrevue de Néron et d'Agrippine (voir vers 960)? Pourquoi Racine ne nous a-t-il montré que celle-ci? Quelle est son importance, si on se rappelle que, dès le début de la tragédie, Agrippine voulait parler à son fils?
    — Reprenez toute la tirade d'Agrippine (vers 1115-1222). Étudiez-en la composition. Comment se précise ici le caractère d'Agrippine?
    — En quoi la victoire d'Agrippine est-elle imprévue? fragile? Quelles peuvent en être les répercussions sur l'action en général?

« Me voilà prêt, Seigneur : avant que de partir,
Faites percer ce cœur qui n'y peut consentir. »   (Vers 1377-1378.)

NÉRON (Jean Chevrier) et BURRHUS (Louis Seigner).
Comédie-Française (1948).

« Il suffit, j'ai parlé, tout a changé de face. »   (Vers 1583.)

JUNIE (Danièle Ajoret) et AGRIPPINE (Annie Ducaux).

Comédie-Française (1961).

SCÈNE III. — NÉRON, BURRHUS.

BURRHUS

1305 Que cette paix[1], Seigneur, et ces embrassements
Vont offrir à mes yeux des spectacles charmants*!
Vous savez si jamais ma voix lui fut contraire,
Si de son amitié* j'ai voulu vous distraire[2],
Et si j'ai mérité cet injuste courroux.

NÉRON

1310 Je ne vous flatte point, je me plaignais de vous,
Burrhus : je vous ai crus tous deux d'intelligence[3];
Mais son inimitié vous rend ma confiance.
Elle se hâte trop, Burrhus, de triompher.
J'embrasse mon rival, mais c'est pour l'étouffer.

BURRHUS

1315 Quoi, Seigneur!

NÉRON

        C'en est trop; il faut que sa[4] ruine
Me délivre à jamais des fureurs* d'Agrippine.
Tant qu'il respirera je ne vis qu'à demi.
Elle m'a fatigué de ce nom ennemi;
Et je ne prétends pas que sa coupable audace
1320 Une seconde fois lui promette ma place.

---

1. *Paix* : réconciliation; 2. *Distraire* : voir vers 400 et la note; 3. *Intelligence* : voir vers 916 et la note; 4. *Sa ruine* : celle de Britannicus.

――――― **QUESTIONS** ―――――

● Vers 1305-1309. — Montrez la naïveté de Burrhus, témoin d'une scène qu'il n'a vue qu'en partie. Cette facilité à juger hâtivement n'explique-t-elle pas en partie son échec dans l'éducation de Néron? Est-il pourtant ridicule? Montrez le pathétique de cette réplique.
● Vers 1310-1314. — Que pensez-vous de cette façon de raisonner chez Néron? Rapprochez les trois premiers vers des vers 1093-1098. Est-ce par cynisme seulement que Néron fait à Burrhus l'aveu du vers 1314?
● Vers 1315-1324. — Montrez que tout ce passage révèle chez Néron la certitude d'avoir raison (notamment le vers 1324). Appréciez le succès d'Agrippine, dans la scène précédente, d'après l'attitude de Néron ici; quelle est la part de responsabilité d'Agrippine dans la décision de son fils? Utilisez les vers 496-510 pour expliquer son attitude. Racine enlève-t-il tout intérêt en annonçant ici le dénouement?

BURRHUS

Elle va donc bientôt pleurer Britannicus?

NÉRON

Avant la fin du jour je ne le craindrai plus.

BURRHUS

Et qui[1] de ce dessein vous inspire l'envie?

NÉRON

Ma gloire*, mon amour, ma sûreté, ma vie.

BURRHUS

1325 Non, quoi que vous disiez, cet horrible dessein
Ne fut jamais, Seigneur, conçu dans votre sein.

NÉRON

Burrhus!

BURRHUS

De votre bouche, ô ciel! puis-je l'apprendre?
Vous-même sans frémir, avez-vous pu l'entendre?
Songez-vous dans quel sang vous allez vous baigner?
1330 Néron dans tous les cœurs est-il las de régner?
Que dira-t-on de vous? Quelle est votre pensée?

NÉRON

Quoi! toujours enchaîné de ma gloire* passée,
J'aurai devant les yeux je ne sais quel amour
Que le hasard nous donne et nous ôte en un jour?
1335 Soumis à tous leurs[2] vœux, à mes désirs contraire,
Suis-je leur empereur seulement pour leur plaire?

---

1. *Qui* : qu'est-ce qui?; voir vers 460; 2. *Leurs vœux* : les vœux des Romains.

─────── **QUESTIONS** ───────

● Vers 1325-1327. Quel tournant se produit ici dans la scène? Quel est le ton de Néron au vers 1327?
● Vers 1327-1336. Est-ce tellement l'horreur du crime que Burrhus reproche à Néron? Sur quoi repose surtout à ses yeux la « morale du prince »? Sur quel argument et sur quelle conception du pouvoir Néron s'appuie-t-il (voir vers 1056)?

BURRHUS

Et ne suffit-il pas, Seigneur, à vos souhaits
Que le bonheur public soit un de vos bienfaits?
C'est à vous à choisir, vous êtes encor maître.
1340 Vertueux jusqu'ici, vous pouvez toujours l'être :
Le chemin est tracé, rien ne vous retient plus;
Vous n'avez qu'à marcher de vertus en vertus.
Mais si de vos flatteurs vous suivez la maxime,
Il vous faudra, Seigneur, courir de crime en crime,
1345 Soutenir vos rigueurs par d'autres cruautés,
Et laver dans le sang vos bras ensanglantés.
Britannicus mourant[1] excitera le zèle
De ses amis, tout prêts à prendre sa querelle[2].
Ces vengeurs trouveront de nouveaux défenseurs,
1350 Qui, même après leur mort, auront des successeurs.
Vous allumez un feu qui ne pourra s'éteindre.
Craint de tout l'univers, il vous faudra tout craindre,
Toujours punir, toujours trembler dans vos projets,
Et pour vos ennemis compter tous vos sujets.
1355 Ah! de vos premiers ans l'heureuse expérience
Vous fait-elle, Seigneur, haïr votre innocence[3]?
Songez-vous au bonheur qui les a signalés?
Dans quel repos, ô ciel! les avez-vous coulés!
Quel plaisir de penser et de dire en vous-même :
1360 « Partout, en ce moment, on me bénit, on m'aime;
On ne voit point le peuple à mon nom s'alarmer,
Le ciel dans tous leurs pleurs[4] ne m'entend point nommer,
Leur sombre inimitié ne fuit point mon visage,
Je vois voler partout les cœurs à mon passage! »
1365 Tels étaient vos plaisirs. Quel changement, ô dieux!
Le sang le plus abject vous était précieux.
Un jour, il m'en souvient, le sénat équitable
Vous pressait de souscrire à la mort d'un coupable;

---

1. « La mort de Britannicus »; 2. *Querelle* : parti; 3. *Innocence* : bonté naturelle;
4. *Leurs pleurs* : leurs gémissements, leurs lamentations. Le possessif du pluriel
(*leurs*) s'accorde avec le sens collectif du mot *peuple*; voir vers 1369, même accord
avec *sénat* (vers 1367).

——— QUESTIONS ———

● Vers 1337-1372. Les différents mouvements de cette tirade : quelle
est l'importance dramatique et morale du vers 1339? Pourquoi la
prédiction des vers 1343-1354 fait-elle une forte impression? Les
vers 1355-1372 font-ils appel aux mêmes sentiments de la part de Néron?

Vous résistiez, Seigneur, à leur sévérité :
1370 Votre cœur s'accusait de trop de cruauté ;
Et, plaignant les malheurs attachés à l'Empire,
« Je voudrais, disiez-vous, ne savoir pas écrire[1]. »
Non, ou vous me croirez, ou bien de ce malheur
Ma mort m'épargnera la vue et la douleur* :
1375 On ne me verra point survivre à votre gloire*,
Si vous allez commettre une action si noire.
(Se jetant aux pieds de Néron)
Me voilà prêt, Seigneur : avant que de partir,
Faites percer ce cœur qui n'y peut consentir.
Appelez les cruels qui vous l'ont inspirée ;
1380 Qu'ils viennent essayer leur main mal assurée.
Mais je vois que mes pleurs touchent mon empereur,
Je vois que sa vertu frémit de leur fureur*.
Ne perdez point de temps, nommez-moi les perfides
Qui vous osent donner ces conseils parricides[2],
1385 Appelez votre frère, oubliez dans ses bras...

NÉRON

Ah ! que demandez-vous ?

BURRHUS

Non, il ne vous hait pas,
Seigneur ; on le trahit : je sais son innocence ;

---

1. Anecdote empruntée, ainsi que certains des arguments de Burrhus, à Sénèque *(De clementia)* ; 2. *Parricide* : concernant le meurtre d'un membre de sa famille ou d'un être sacré.

——— QUESTIONS ———

● Vers 1373-1385. En quoi le ton de Burrhus nous touche-t-il sans être théâtral ? Rattachez l'anecdote précédente à son contexte ici ; en quoi justifie-t-elle l'incrédulité de Burrhus concernant la responsabilité possible de Néron ? Soulignez le changement de style aux vers 1381 et 1382. A-t-il raison d'insister (voir vers 1325-1326) et de précipiter les choses ? montrez que le style suit le mouvement même de l'âme de Burrhus.
● Vers 1386. Quel en est le ton ? Indiquez les préoccupations qui le légitiment. En quoi montre-t-il cependant que Néron est presque convaincu ? Pensez-vous qu'il accède à la prière de Burrhus ?
● Vers 1386-1390. Pourquoi Burrhus a-t-il raison d'ajouter ces vers ? Quel effet peut produire sur Néron l'expression : *on le trahit ?* En fait les arguments de Burrhus ne tombent-ils pas tous à faux ? Quelle condition, psychologiquement impossible, est nécessaire pour une réconciliation de Britannicus avec Néron ? Comment interpréter le vers 1390 ? L'intention de Néron est-elle claire ?

Je vous réponds pour lui de son obéissance.
J'y cours. Je vais presser un entretien si doux.

NÉRON

1390 Dans mon appartement qu'il m'attende avec vous.

Scène IV. — NÉRON, NARCISSE.

NARCISSE

Seigneur, j'ai tout prévu pour une mort si juste.
Le poison est tout prêt. La fameuse Locuste[1]
A redoublé pour moi ses soins* officieux[2] :
Elle a fait expirer un esclave à mes yeux,
1395 Et le fer est moins prompt, pour trancher une vie,
Que le nouveau poison que sa main me confie.

NÉRON

Narcisse, c'est assez; je reconnais[3] ce soin*,
Et ne souhaite pas que vous alliez plus loin.

NARCISSE

Quoi! pour Britannicus votre haine affaiblie
1400 Me défend...

NÉRON

Oui, Narcisse, on nous réconcilie.

---

1. *Locuste* : voir vers 310 et la note, et vers 1183; 2. *Officieux* : dévoué; 3. *Reconnaître* : être reconnaissant.

———— QUESTIONS ————

1 ● SUR L'ENSEMBLE DE LA SCÈNE III. — Comparez les sentiments que vous éprouvez au début de cette scène, pendant son déroulement, à la fin.
— Rapprochez cette scène de la précédente : différence de ton, d'arguments.
— Quel est le seul argument commun à Burrhus et à Agrippine? Pourquoi Burrhus réussit-il là où Agrippine a échoué?
— Quelle est l'importance de cette scène pour la psychologie des deux personnages?

2 ● VERS 1391-1396. Quelle précision capitale pour l'action apprenons-nous? Étudiez le contraste de mots qui fait le cynisme de ces vers.

3 ● VERS 1397-1400. Montrez l'évolution du ton de Néron. — Quelle réaction Narcisse espère-t-il susciter de la part de l'Empereur (v. 1399-1400)?

NARCISSE

Je me garderai bien de vous en détourner,
Seigneur; mais il s'est vu tantôt emprisonner :
Cette offense en son cœur sera longtemps nouvelle[1].
Il n'est point de secrets que le temps ne révèle :
1405 Il saura que ma main lui devait présenter
Un poison que votre ordre avait fait apprêter.
Les dieux de ce dessein puissent-ils le distraire[2]!
Mais peut-être il fera ce que vous n'osez faire.

NÉRON

On répond de son cœur; et je vaincrai le mien.

NARCISSE

1410 Et l'hymen de Junie en[3] est-il le lien?
Seigneur, lui faites-vous encor[4] ce sacrifice?

NÉRON

C'est prendre trop de soin*. Quoi qu'il en soit, Narcisse,
Je ne le compte plus parmi mes ennemis.

NARCISSE

Agrippine, Seigneur, se l'était bien promis;
1415 Elle a repris sur vous son souverain empire.

NÉRON

Quoi donc? Qu'a-t-elle dit? Et que voulez-vous dire?

NARCISSE

Elle s'en est vantée assez publiquement.

NÉRON

De quoi?

NARCISSE

                    Qu'elle n'avait qu'à vous voir un moment;

---

1. *Nouvelle* : aussi amère que si elle était « récente »; 2. *Distraire* : voir vers 400 et la note; 3. *En* : de votre réconciliation; 4. *Encor* : en outre.

───── QUESTIONS ─────

● Vers 1401-1409. Ce premier argument de Narcisse est-il vraisemblable?
● Vers 1410-1413. Le ton et l'intention de Narcisse. — Expliquez la première phrase du vers 1412 et montrez-en l'importance. La fermeté de Néron fléchit-elle?

Qu'à tout ce grand éclat, qu'à ce courroux funeste,
1420 On verrait succéder un silence modeste;
Que vous-même à la paix souscririez le premier,
Heureux que sa bonté daignât tout oublier.

NÉRON

Mais, Narcisse, dis-moi, que veux-tu que je fasse?
Je n'ai que trop de pente à punir son audace;
1425 Et, si je m'en croyais, ce triomphe indiscret[1]
Serait bientôt suivi d'un éternel regret.
Mais de tout l'univers quel sera le langage?
Sur les pas des tyrans veux-tu que je m'engage,
Et que Rome, effaçant tant de titres d'honneur,
1430 Me laisse pour tous noms celui d'empoisonneur?
Ils[2] mettront ma vengeance au rang des parricides.

NARCISSE

Et prenez-vous, Seigneur, leurs caprices pour guides?
Avez-vous prétendu qu'ils se tairaient toujours?
Est-ce à vous de prêter l'oreille à leurs discours?
1435 De vos propres désirs perdez-vous la mémoire?
Et serez-vous le seul que vous n'oserez croire?
Mais, Seigneur, les Romains ne vous sont pas connus.
Non, non, dans leurs discours ils sont plus retenus.
Tant de précaution affaiblit votre règne :
1440 Ils croiront, en effet[3], mériter qu'on les craigne.
Au joug depuis longtemps ils se sont façonnés.

---

1. *Indiscret :* immodéré; 2. *Ils :* les Romains; 3. *En effet :* réellement.

● QUESTIONS ●

● Vers 1414-1422. Étudiez le rythme des vers 1414-1417. — En vous aidant de l'emploi fait ici du style indirect, faites l'étude du pastiche d'Agrippine. Narcisse dit-il la vérité ou invente-t-il les propos prêtés à Agrippine?

● Vers 1423-1431. Qu'est-ce qui, dans le vers 1423, marque un tournant de la scène? A quoi tendent les premiers vers? Ce discours est-il d'inspiration personnelle? Est-ce la première fois que l'on voit Néron répéter la leçon qu'il vient d'entendre?

● Vers 1432-1454. Marquez la progression des arguments et soulignez le ton correspondant. Quelle maxime politique se cache derrière la question du vers 1436? Montrez-en l'actualité en 1669. — Comparez ce tableau à celui que faisait Burrhus aux vers 1343-1371; qui des deux a raison? Quel penchant de Néron est ici flatté par Narcisse?

Ils adorent la main qui les tient enchaînés.
Vous les verrez toujours ardents à vous complaire.
Leur prompte[1] servitude a fatigué Tibère.
1445 Moi-même, revêtu d'un pouvoir emprunté,
Que je reçus de Claude avec la liberté,
J'ai cent fois, dans le cours de ma gloire* passée,
Tenté[2] leur patience, et ne l'ai point lassée.
D'un empoisonnement vous craignez la noirceur?
1450 Faites périr le frère, abandonnez la sœur;
Rome, sur ses autels prodiguant les victimes,
Fussent-ils innocents, leur trouvera des crimes;
Vous verrez mettre au rang des jours infortunés[3]
Ceux où jadis la sœur et le frère sont nés.

NÉRON

1455 Narcisse, encore un coup, je ne puis l'entreprendre[4].
J'ai promis à Burrhus, il a fallu me rendre.
Je ne veux point encore, en lui manquant de foi*,
Donner à sa vertu des armes contre moi.
J'oppose à ses raisons un courage inutile;
1460 Je ne l'écoute point avec un cœur tranquille.

NARCISSE

Burrhus ne pense pas, Seigneur, tout ce qu'il dit :
Son adroite vertu ménage son crédit;
Ou plutôt ils n'ont tous qu'une même pensée :
Ils verraient par ce coup* leur puissance abaissée;
1465 Vous seriez libre alors, Seigneur, et devant vous
Ces maîtres orgueilleux fléchiraient comme nous.
Quoi donc! ignorez-vous tout ce qu'ils osent dire?
« Néron, s'ils en sont crus, n'est point né pour l'Empire;
Il ne dit, il ne fait que ce qu'on lui prescrit :
1470 Burrhus conduit son cœur, Sénèque son esprit.

---

1. *Prompte* : toujours prête; 2. *Tenter* : mettre à l'épreuve; 3. *Jours infortunés* : jours anniversaires d'événements malheureux, décrétés « néfastes »; 4. « Entreprendre le crime ».

QUESTIONS

● Vers 1455-1460. Comparez ce passage aux vers 496-510; quel aspect de Néron reparaît ici? N'offre-t-il pas — consciemment ou inconsciemment — un nouvel objectif aux attaques de Narcisse?

Pour toute ambition, pour vertu singulière[1],
Il excelle à conduire un char dans la carrière[2],
A disputer des prix indignes de ses mains,
A se donner lui-même en spectacle aux Romains,
1475 A venir prodiguer sa voix sur un théâtre,
A réciter des chants qu'il veut qu'on idolâtre,
Tandis que des soldats, de moments en moments,
Vont arracher pour lui les applaudissements. »
Ah! ne voulez-vous pas les forcer à se taire?

NÉRON

1480 Viens, Narcisse. Allons voir ce que nous devons faire.

---

1. *Singulière* : qui n'appartient qu'à lui; 2. Néron aimait les jeux du cirque et participait même aux courses de chars.

——— QUESTIONS ———

● Vers 1461-1479. Le ton de ces vers : montrez l'habileté de ces arguments (notamment vers 1463). Étudiez l'effet du style direct (vers 1468-1478). Caractérisez l'accent avec lequel Narcisse prononce le vers 1479.

● Vers 1480. Que révèle cette réponse?

● Sur l'ensemble de la scène IV. — Montrez l'adresse, l'audace parfois, de Narcisse. Analysez, pas à pas, sa méthode en marquant, à chaque étape, sa victoire. Montrez que Néron est ici une proie facile, sinon consentante.

● Sur l'ensemble de l'acte IV. — Comparez la situation à la fin de cet acte et à la fin du précédent. Quelle est l'importance dramatique, psychologique et historique de l'acte IV? L'unité profonde et la progression interne de cet acte.
— Sur quel personnage est de nouveau centré cet acte? Faites un rapprochement avec l'acte II. La cruauté de Néron : montrez que sa faiblesse explique en partie qu'il soit un monstre. Ses hésitations et ses contradictions sont-elles dues seulement à sa jeunesse? Citez d'autres personnages raciniens qui sont aussi sujets à de telles incertitudes : qu'en conclure sur la psychologie des passions chez Racine?
— Est-il beaucoup question de Junie au cours de cet acte? La tragédie passionnelle a-t-elle cédé le pas à la tragédie politique?

Re P Re Racine

Racine

ACTE V

Scène première. — BRITANNICUS, JUNIE.

BRITANNICUS

Oui, Madame, Néron (qui l'aurait pu penser?)
Dans son appartement m'attend pour m'embrasser.
Il y fait de sa cour inviter la jeunesse;
Il veut que d'un festin la pompe et l'allégresse
1485 Confirment à leurs¹ yeux la foi* de nos serments,
Et réchauffent l'ardeur de nos embrassements;
Il éteint cet amour, source de tant de haine;
Il vous fait de mon sort arbitre souveraine.
Pour moi, quoique banni du rang de mes aïeux,
1490 Quoique de leur dépouille il se pare à mes yeux,
Depuis qu'à mon amour cessant d'être contraire
Il semble me céder la gloire* de vous plaire,
Mon cœur, je l'avoûrai², lui pardonne en secret,
Et lui laisse le reste avec moins de regret.
1495 Quoi! je ne serai plus séparé de vos charmes*?
Quoi! même en ce moment je puis voir sans alarmes*
Ces yeux que n'ont émus ni soupirs* ni terreur,
Qui m'ont sacrifié l'Empire et l'Empereur?
Ah! Madame!... Mais quoi! quelle nouvelle crainte
1500 Tient parmi mes transports* votre joie en contrainte?
D'où vient qu'en m'écoutant³, vos yeux, vos tristes* yeux,
Avec de longs regards se tournent vers les cieux?
Qu'est-ce que vous craignez?

---

1. *Leurs* : pluriel en accord avec le sens collectif du mot *jeunesse* ; voir vers 1362 et la note; 2. Voir vers 243; 3. *En m'écoutant* : pendant que vous m'écoutez.

--- QUESTIONS ---

● Vers 1481-1498. Montrez l'adaptation du rythme aux sentiments de Britannicus dans les vers 1481-1482. Étudiez dans ce passage : le style, la composition, l'état d'âme du personnage. — Qui a annoncé la « bonne nouvelle » à Britannicus? (voir vers 1303).

JUNIE

Je l'ignore moi-même,

Mais je crains.

BRITANNICUS

Vous m'aimez?

JUNIE

Hélas! si je vous aime?

BRITANNICUS

1505 Néron ne trouble plus notre félicité.

JUNIE

Mais me répondrez-vous de sa sincérité?

BRITANNICUS

Quoi? vous le soupçonnez d'une haine couverte[1]?

JUNIE

Néron m'aimait tantôt, il jurait votre perte;
Il me fuit, il vous cherche : un si grand changement
1510 Peut-il être, Seigneur, l'ouvrage d'un moment?

BRITANNICUS

Cet ouvrage, Madame, est un coup* d'Agrippine.
Elle a cru que ma perte entraînait sa ruine.
Grâce aux préventions[2] de son esprit jaloux,
Nos plus grands ennemis ont combattu pour nous.
1515 Je m'en fie aux transports* qu'elle m'a fait paraître;

---

1. *Couverte :* dissimulée; 2. *Préventions :* soucis préconçus.

======== QUESTIONS ========

● VERS 1499-1510. Le tragique de cet échange de répliques. — Expliquez et commentez le vers 1504, en particulier l'exclamation : « Hélas! ». Les craintes de Junie sont-elles dues seulement au pressentiment si souvent propre aux âmes féminines?

● VERS 1511-1518. Que témoigne cette réplique de l'esprit de Britannicus? Quel sentiment a-t-il toujours éprouvé pour Agrippine (voir les vers 305-310)?

Je m'en fie à Burrhus; j'en crois même son maître :
Je crois qu'à mon exemple, impuissant à trahir,
Il hait à cœur ouvert ou cesse de haïr.

JUNIE

Seigneur, ne jugez pas de son cœur par le vôtre;
1520 Sur des pas¹ différents vous marchez l'un et l'autre.
Je ne connais Néron et la cour que d'un jour;
Mais (si je l'ose dire) hélas! dans cette cour
Combien tout ce qu'on dit est loin de ce qu'on pense!
Que la bouche et le cœur sont peu d'intelligence²!
1525 Avec combien de joie on y trahit sa foi*!
Quel séjour étranger et pour vous et pour moi!

BRITANNICUS

Mais que son amitié* soit véritable ou feinte,
Si vous craignez Néron, lui-même est-il sans crainte?
Non, non, il n'ira point, par un lâche attentat,
1530 Soulever contre lui le peuple et le sénat.
Que dis-je? il reconnaît sa dernière injustice.
Ses remords ont paru même au yeux de Narcisse.
Ah! s'il vous avait dit, ma Princesse, à quel point...

JUNIE

Mais Narcisse, Seigneur, ne vous trahit-il point?

BRITANNICUS

1535 Et pourquoi voulez-vous que mon cœur s'en défie?

---

1. *Pas* : chemins; 2. *Intelligence* : voir vers 916 et la note.

─── QUESTIONS ───

● Vers 1519-1526. Comparez cette vision de la cour de Néron avec la peinture de celle de Louis XIV chez La Bruyère (*les Caractères*, VIII, IX, X) et chez Molière (*le Misanthrope*, I, II). — Quelle indication Racine se plaît-il à donner au vers 1521? Quel en est l'intérêt? Soulignez en quoi la perspicacité de Junie est tragique ici.
● Vers 1527-1533. Que vaut le jugement politique de Britannicus? Pourquoi (voir vers 1520)?
● Vers 1534-1535. Quelles paroles de Britannicus ont brusquement fait naître cette pensée chez Junie? Qu'y a-t-il de tragique dans la réponse de Britannicus? Celui-ci ne se sent-il pas presque vexé de ce qu'il croit un acharnement aveugle, chez Junie, contre ses espérances de bonheur? Montrez qu'il s'agit là d'un trait profondément humain, d'une portée générale.

JUNIE

Et que sais-je? Il y va, Seigneur, de votre vie.
Tout m'est suspect : je crains que tout ne soit séduit* :
Je crains Néron; je crains le malheur qui me suit.
D'un noir pressentiment malgré moi prévenue*,
1540 Je vous laisse à regret éloigner¹ de ma vue.
Hélas! si cette paix dont vous vous repaissez
Couvrait contre vos jours quelques pièges dressés!
Si Néron, irrité de notre intelligence²,
Avait choisi la nuit pour cacher sa vengeance!
1545 S'il préparait ses coups tandis que je vous vois!
Et si je vous parlais pour la dernière fois!
Ah! Prince!

BRITANNICUS

Vous pleurez! Ah! ma chère Princesse!
Et pour moi jusque-là votre cœur s'intéresse?
Quoi, Madame! en un jour où plein de sa grandeur
1550 Néron croit éblouir vos yeux de sa splendeur,
Dans des lieux où chacun me fuit et le révère,
Aux pompes de sa cour préférer ma misère*!
Quoi! dans ce même jour et dans ces mêmes lieux,
Refuser un empire, et pleurer à mes yeux!
1555 Mais, Madame, arrêtez ces précieuses larmes;
Mon retour va bientôt dissiper vos alarmes*.
Je me rendrais suspect par un plus long séjour³.
Adieu, je vais, le cœur tout plein de mon amour,
Au milieu des transports* d'une aveugle⁴ jeunesse,
1560 Ne voir, n'entretenir que ma belle Princesse.
Adieu.

JUNIE

Prince...

---

1. *Éloigner* : vous éloigner; 2. *Intelligence* : voir vers 916 et la note; 3. *Séjour* : retard; 4. *Aveugle* : qui ne voit pas la beauté de Junie, au contraire de Britannicus.

QUESTIONS

● VERS 1536-1547. Quel est le thème qui obsède Junie dans ce passage? Montrez comment le vocabulaire trahit sa crainte d'une sorte particulière de danger. N'y a-t-il pas une grande conformité entre les appréhensions de la jeune princesse et la personne même de Narcisse, évoquée au vers précédent? Faites la part des sentiments et celle de la lucidité dans ces pressentiments. Étudiez la progression de l'angoisse.
● VERS 1547-1561. Les manifestations de la passion et de l'inconscience ici. Recherchez les marques de préciosité dans ce passage.

BRITANNICUS

On m'attend, Madame, il faut partir.

JUNIE

Mais du moins attendez qu'on vous vienne avertir.

Scène II. — AGRIPPINE, BRITANNICUS, JUNIE.

AGRIPPINE

Prince, que[1] tardez-vous? Partez en diligence[2] :
Néron impatient* se plaint de votre absence.
1565 La joie et le plaisir de tous les conviés
Attend[3] pour éclater que vous vous embrassiez.
Ne faites point languir une si juste envie :
Allez. Et nous, Madame, allons chez Octavie.

BRITANNICUS

Allez, belle Junie, et d'un esprit content
1570 Hâtez-vous d'embrasser ma sœur qui vous attend.
      (S'adressant à Agrippine)
Dès que je le pourrai, je reviens sur vos traces,
Madame, et de vos soins* j'irai vous rendre grâces.

---

1. *Que* : voir vers 474 et la note; 2. *En diligence* : rapidement; 3. *Attend* : voir vers 1047 et la note.

——— QUESTIONS ———

●Sur l'ensemble de la scène première. — Quelle est la valeur pathétique de cette entrevue? Sur quoi se fondent : la confiance de Britannicus? le pressentiment de Junie?
— Comparez cette entrevue aux deux autres scènes qui ont mis Junie et Britannicus en présence (II, vi et III, vii) : quelles ont été, pour les deux amants, les étapes de cette journée tragique?
— Imaginez que Junie partage l'optimisme et la confiance de Britannicus : la scène aurait-elle autant d'intérêt?

●Sur la scène II. — Quels sont les sentiments d'Agrippine à son entrée en scène? Imaginez ce qui peut les justifier. Comment interprète-t-elle le vers 1564? Comment craignons-nous de devoir le comprendre? D'après les vers 1563-1568, analysez l'ironie tragique de la situation et des paroles d'Agrippine. En quoi le choix de la messagère accuse-t-il encore cette impression?
— Montrez que Britannicus, de ce fait, croit voir son optimisme confirmé. Prouvez qu'il accroît, en réalité, l'aspect « grinçant » de cette scène.

Scène III. — AGRIPPINE, JUNIE.

AGRIPPINE

Madame, ou je me trompe, ou durant vos adieux
Quelques pleurs répandus ont obscurci vos yeux.
1575 Puis-je savoir quel trouble a formé ce nuage?
Doutez-vous d'une paix dont je fais mon ouvrage?

JUNIE

Après tous les ennuis* que ce jour m'a coûtés,
Ai-je pu rassurer mes esprits* agités?
Hélas! à peine encor je conçois ce miracle.
1580 Quand même à vos bontés je craindrais quelque obstacle,
Le changement[1], Madame, est commun à la cour,
Et toujours quelque crainte accompagne l'amour.

AGRIPPINE

Il suffit, j'ai parlé, tout a changé de face.
Mes soins* à vos soupçons ne laissent point de place.
1585 Je réponds d'une paix jurée entre mes mains :
Néron m'en a donné des gages[2] trop certains.
Ah! si vous aviez vu par combien de caresses[3]
Il m'a renouvelé la foi* de ses promesses!
Par quels embrassements il vient de m'arrêter!
1590 Ses bras, dans nos adieux, ne pouvaient me quitter;
Sa facile bonté, sur son front répandue,
Jusqu'aux moindres secrets est d'abord descendue.
Il s'épanchait en fils, qui vient en liberté
Dans le sein de sa mère oublier sa fierté*.
1595 Mais bientôt, reprenant un visage sévère,

---

1. Ellipse : [j'aurais raison, car] *le changement...* ; 2. *Gages* : preuves; 3. *Caresses* : voir vers 1272 et la note.

──────── **QUESTIONS** ────────

● Vers 1573-1582. Montrez l'habileté de Junie, nécessitée par le ton du vers 1576 que vous préciserez.
● Vers 1583-1610. Étudiez la composition de cette tirade : cherchez-en l'unité. Comparez-la avec la scène I de l'acte I et avec les vers 879-894. Quelles résonances ont les vers 1593-1595 et 1604-1605? Quelle indication technique Racine donne-t-il au vers 1606? Où est l'ironie tragique dans le vers 1608?

Tel que d'un empereur qui consulte sa mère,
Sa confidence* auguste a mis entre mes mains
Des secrets d'où dépend le destin des humains.
Non, il le faut ici confesser à sa gloire*,
1600 Son cœur n'enferme point une malice¹ noire;
Et nos seuls ennemis², altérant sa bonté,
Abusaient contre nous de sa facilité³.
Mais enfin, à son tour, leur puissance décline ;
Rome encore une fois va connaître Agrippine :
1605 Déjà de ma faveur on adore le bruit⁴.
Cependant en ces lieux n'attendons pas la nuit.
Passons chez Octavie, et donnons-lui le reste
D'un jour autant heureux que je l'ai cru funeste.
Mais qu'est-ce que j'entends? Quel tumulte confus?
1610 Que peut-on faire⁵?

JUNIE

O ciel! sauvez Britannicus!

Scène IV. — AGRIPPINE, JUNIE, BURRHUS.

AGRIPPINE

Burrhus, où courez-vous? Arrêtez. Que veut dire...

---

1. *Malice* : méchanceté; 2. *Nos seuls ennemis* : voir vers 838 et la note; 3. *Facilité* : caractère conciliant par faiblesse; 4. *Le bruit* : la nouvelle; 5. « Qu'est-ce qui peut bien se passer? »

QUESTIONS

● Sur l'ensemble de la scène iii. — Pourquoi n'y a-t-il pas eu jusqu'ici d'entrevue entre Agrippine et Junie? Peut-on dire que cette scène-ci constitue un véritable dialogue entre les deux femmes? Y aurait-il eu intérêt à ce que nous voyions la scène, dont il est question ici, entre Agrippine et Néron?

— La joie triomphante d'Agrippine permet-elle de découvrir le fond de son caractère? Que peut-on maintenant penser des menaces qu'elle formulait quand elle prétendait vouloir substituer sur le trône Britannicus à Néron?

— Le spectateur est-il aussi sûr qu'Agrippine de son triomphe? Comment expliquer cette naïveté, plus surprenante encore que celle de Britannicus? Devine-t-on immédiatement ce qui se passe quand on entend les vers 1609-1610?

BURRHUS

Madame, c'en est fait, Britannicus expire.

JUNIE

Ah! mon prince!

AGRIPPINE

Il expire?

BURRHUS

                              Ou plutôt il est mort,
Madame.

JUNIE

Pardonnez, Madame, à ce transport*.
1615 Je vais le secourir, si je puis, ou le suivre.

SCÈNE V. — AGRIPPINE, BURRHUS.

AGRIPPINE

Quel attentat, Burrhus!

BURRHUS

                              Je n'y pourrai survivre,
Madame. Il faut quitter la cour et l'Empereur.

AGRIPPINE

Quoi! du sang de son frère il n'a point eu d'horreur?

BURRHUS

Ce dessein s'est conduit avec plus de mystère[1].
1620 A peine l'Empereur a vu venir son frère,
Il se lève, il l'embrasse, on se tait, et soudain
César prend le premier une coupe à la main :
« Pour achever ce jour sous de meilleurs auspices[2],

---

1. « Ce projet s'est accompli avec plus de mystère »; 2. *Auspices :* présages;
voir vers 1187 et la note.

--- QUESTIONS ---

● Sur la scène IV. — Pourquoi la mort de Britannicus ne constitue-
t-elle pas un coup de théâtre?
● Vers 1616-1617. Analysez les réactions des deux personnages.

Ma main de cette coupe épanche les prémices[1],
1625 Dit-il; Dieux, que j'appelle à cette effusion[2],
Venez favoriser notre réunion. »
Par les mêmes serments Britannicus se lie.
La coupe dans ses mains par Narcisse est remplie;
Mais ses lèvres à peine en ont touché les bords,
1630 Le fer ne produit pas de si puissants efforts[3],
Madame, la lumière à ses yeux est ravie,
Il tombe sur son lit[4] sans chaleur et sans vie.
Jugez combien ce coup* frappe tous les esprits :
La moitié s'épouvante et sort avec des cris;
1635 Mais ceux qui de la cour ont un plus long usage
Sur les yeux de César composent leur visage[5].
Cependant sur son lit il[6] demeure penché;
D'aucun étonnement* il ne paraît touché :
« Ce mal[7] dont vous craignez, dit-il, la violence
1640 A souvent sans péril attaqué son enfance. »
Narcisse veut en vain affecter quelque ennui*,
Et sa perfide joie éclate malgré lui.
Pour moi, dût l'Empereur punir ma hardiesse,
D'une odieuse cour j'ai traversé la presse[8];
1645 Et j'allais, accablé de cet assassinat,
Pleurer Britannicus, César et tout l'État[9].

AGRIPPINE

Le voici. Vous verrez si c'est moi qui l'inspire.

---

1. *Epancher les prémices :* verser les premières gouttes, en offrande aux dieux;
2. *Effusion :* fait de répandre; 3. *Efforts :* effets; 4. Les Romains mangeaient allongés; 5. « Se réglant sur le regard de Néron, arrangent l'expression de leur visage »;
6. *Il :* Néron; 7. *Ce mal :* l'épilepsie (Tacite, *Annales*, XIII, 16). Claude, père de Britannicus, était déjà lui-même atteint de cette maladie; 8. *La presse :* la foule;
9. Ce récit s'inspire de Tacite (*Annales*, XIII, 16).

QUESTIONS

●Vers 1619-1646. Étudiez la composition de ce récit; retrouve-t-on dans le style les traits particuliers au langage de Burrhus? Ce récit est-il dramatique? pathétique? Montrez le réalisme et la justesse psychologique de ce tableau, dans la peinture des différentes réactions devant l'*incident*. — Tacite décrit (*Annales*, XIII, 16) le meurtre de Britannicus avec beaucoup de réalisme. Quel est l'avantage du récit de Racine sur le spectacle même de l'assassinat?

●Sur l'ensemble de la scène v. — La pièce est-elle maintenant terminée? Racine a supprimé, après la scène v, une courte scène entre Néron et Junie : pourquoi, à votre avis?

SCÈNE VI. — AGRIPPINE, NÉRON, BURRHUS, NARCISSE.

NÉRON, *voyant Agrippine.*

Dieux!

AGRIPPINE

Arrêtez, Néron; j'ai deux mots à vous dire.
Britannicus est mort, je reconnais les coups;
1650 Je connais l'assassin.

NÉRON

Et, qui, Madame?

AGRIPPINE

Vous.

NÉRON

Moi! voilà les soupçons dont vous êtes capable.
Il n'est point de malheurs dont je ne sois coupable :
Et, si l'on veut, Madame, écouter vos discours,
Ma main de Claude même aura tranché les jours.
1655 Son fils vous était cher : sa mort peut vous confondre[1];
Mais des coups du destin je ne puis pas répondre.

AGRIPPINE

Non, non, Britannicus est mort empoisonné :
Narcisse a fait le coup*, vous l'avez ordonné.

NÉRON

Madame!... Mais qui peut vous tenir ce langage?

1. *Confondre* : déconcerter.

━━━━━ **QUESTIONS** ━━━━━

● VERS 1648-1651. Quel sentiment pousse Agrippine à une accusation aussi directe? Est-ce seulement l'indignation qui l'anime?
● VERS 1652-1659. Appréciez la défense de Néron; comment peut-on interpréter son exclamation du vers 1648 en fonction de cette réplique? — Que veut-il dire aux vers 1653-1654? Son insolence prouve-t-elle qu'il s'est définitivement libéré de la tutelle de sa mère? Montrez l'aspect pitoyable de sa dérobade aux vers 1655-1656. En fait, sont-ce là des raisonnements ou des preuves d'un état d'esprit que vous qualifierez en le rapprochant du vers 1659 et de l'attitude de Narcisse ensuite?

DANIEL IVERNEL (Néron) et MARGUERITE JAMOIS (Agrippine)
Théâtre du Vieux-Colombier (1957).

NARCISSE

1660 Hé, Seigneur ! ce soupçon vous fait-il tant d'outrage ?
Britannicus, Madame, eut des desseins secrets
Qui vous auraient coûté de plus justes regrets.
Il aspirait plus loin qu'à l'hymen de Junie :
De vos propres bontés il vous aurait punie.
1665 Il vous trompait vous-même ; et son cœur offensé
Prétendait tôt ou tard rappeler[1] le passé.
Soit donc que malgré vous le sort vous ait servie,
Soit qu'instruit des complots qui menaçaient sa vie,
Sur[2] ma fidélité* César s'en soit remis,
1670 Laissez les pleurs, Madame, à vos seuls ennemis.
Qu'ils mettent ce malheur au rang des plus sinistres ;
Mais vous...

AGRIPPINE

Poursuis, Néron, avec de tels ministres[3].
Par des faits glorieux tu te vas signaler.
Poursuis. Tu n'as pas fait ce pas pour reculer.
1675 Ta main a commencé par le sang de ton frère ;
Je prévois que tes coups viendront jusqu'à ta mère.
Dans le fond de ton cœur je sais que tu me hais ;
Tu voudras t'affranchir du joug de mes bienfaits.
Mais je veux que ma mort te soit même inutile.
1680 Ne crois pas qu'en mourant je te laisse tranquille.
Rome, ce ciel, ce jour que tu reçus de moi,
Partout, à tout moment, m'offriront devant toi.
Tes remords te suivront comme autant de furies[4] ;

---

1. *Rappeler* : faire revivre ; 2. *S'en remettre sur* ou *à* étaient deux constructions
équivalentes au XVIIe siècle ; 3. *Ministres* : agents d'exécution ; 4. *Furies* : divinités
qui poursuivaient les criminels ; ces prédictions s'inspirent de Tacite (*Annales*,
XIII, 16, et XIV, 10).

--- **QUESTIONS** ---

● Vers 1660-1672. Comment Narcisse vient-il au secours de Néron ?
Quelle est la signification et la portée du vers 1666 ? Montrez comment
cet argument, qu'Agrippine avait brandi pour menacer Néron, risque
maintenant de la toucher ; quelles auraient été les conséquences, pour
elle, de l'accession de Britannicus à l'Empire ? — Pense-t-il convaincre
Agrippine par les vers 1661-1666 ? Quelle est l'importance des vers
1668-1669 ? Devinez le sentiment de Néron en les entendant.
● Vers 1672-1693. Le ton prophétique d'Agrippine s'accorde-t-il bien
avec son caractère ? Comment Racine a-t-il utilisé l'histoire pour donner
à ces prédictions toute leur force ? Est-il contraire à la vraisemblance
qu'un personnage puisse aussi précisément annoncer l'avenir ? Quels pro-
longements, fondés sur l'histoire, Racine donne-t-il ainsi à sa tragédie ?

Tu croiras les calmer par d'autres barbaries;
1685 Ta fureur*, s'irritant* soi-même dans son cours,
D'un sang toujours nouveau marquera¹ tous tes jours.
Mais j'espère qu'enfin le ciel, las de tes crimes,
Ajoutera ta perte à tant d'autres victimes,
Qu'après t'être couvert de leur sang et du mien,
1690 Tu te verras forcé de répandre le tien;
Et ton nom paraîtra, dans la race future,
Aux plus cruels tyrans une cruelle injure*.
Voilà ce que mon cœur se présage² de toi,
Adieu, tu peux sortir.

NÉRON

Narcisse, suivez-moi.

SCÈNE VII. — AGRIPPINE, BURRHUS.

AGRIPPINE

1695 Ah, ciel! de mes soupçons quelle était l'injustice!
Je condamnais Burrhus pour écouter Narcisse!
Burrhus, avez-vous vu quels regards furieux
Néron en me quittant m'a laissés pour adieux?
C'en est fait; le cruel n'a plus rien qui l'arrête :
1700 Le coup* qu'on m'a prédit va tomber sur ma tête.
Il vous accablera vous-même à votre tour⁸.

BURRHUS

Ah, Madame! pour moi j'ai vécu trop d'un jour⁴.
Plût au ciel que sa main, heureusement cruelle,
Eût fait sur moi l'essai de sa fureur* nouvelle;

---

1. *Marquer* : marquer d'une note d'infamie, comme celle que le censeur (voir vers 271 et la note) imposait, à Rome, aux citoyens de mauvaises mœurs; 2. *Se présager de toi* : prévoir à ton sujet; 3. Voir vers 893 et la note; Agrippine, quatre ans plus tard, sera assassinée par Néron; Burrhus mourra, trois ans après elle, « par la maladie ou le poison, on ne sait » (Tacite, *Annales*, XIV, 51); 4. *Trop d'un jour* : un jour de trop.

QUESTIONS

● VERS 1694. Comparez ces deux hémistiches.

● SUR L'ENSEMBLE DE LA SCÈNE VI. — Montrez la puissance de cette scène. En quoi est-elle un renversement par rapport aux précédentes entre Néron et Agrippine? En quoi fait-elle partie du dénouement?

1705 Qu'il ne m'eût pas donné, par ce triste* attentat,
 Un gage[1] trop certain des malheurs de l'État!
 Son crime seul n'est pas ce qui me désespère;
 Sa jalousie a pu l'armer contre son frère;
 Mais s'il vous faut, Madame, expliquer ma douleur*,
1710 Néron l'a vu mourir sans changer de couleur.
 Ses yeux indifférents ont déjà la constance[2]
 D'un tyran dans le crime endurci dès l'enfance.
 Qu'il achève, Madame; et qu'il fasse périr
 Un ministre importun qui ne le[3] peut souffrir.
1715 Hélas! loin de vouloir[4] éviter sa colère,
 La plus soudaine mort me sera la plus chère.

SCÈNE VIII. — AGRIPPINE, BURRHUS, ALBINE.

ALBINE

Ah, Madame! ah, Seigneur! courez vers l'Empereur,
Venez sauver César de sa propre fureur*.
Il se voit pour jamais séparé de Junie.

AGRIPPINE

1720 Quoi! Junie elle-même a terminé sa vie?

ALBINE

Pour accabler César d'un éternel ennui*,
Madame, sans mourir elle est morte pour lui.
Vous savez de ces lieux comme elle s'est ravie[5].
Elle a feint de passer chez la triste* Octavie;

---

 1. *Gage* : voir vers 1586 et la note; **2.** *Constance* : impassibilité; **3.** *Le* : cet endurcissement; **4.** *Loin de vouloir* : loin que je veuille; voir vers 145, 158, etc.; **5.** *Comme elle s'est ravie* : comment elle s'est sauvée.

■ QUESTIONS ─────────────

● SUR LA SCÈNE VII. — Cette scène n'apparaît-elle pas comme inutile? Vous montrerez ici, après avoir lu la scène suivante, qu'elle est nécessaire au déroulement vraisemblable de l'action.
 — Comment se complète la prédiction d'Agrippine? Les choses se seraient-elles passées autrement si Agrippine avait plus tôt lié partie avec Burrhus? Mais était-ce possible?
● VERS 1717-1722. Que redoute le spectateur? Montrez l'art de Racine à prolonger l'incertitude.

1725 Mais bientôt elle a pris des chemins écartés,
   Où mes yeux ont suivi ses pas précipités.
   Des portes du palais elle sort éperdue.
   D'abord elle a d'Auguste aperçu la statue[1] ;
   Et, mouillant de ses pleurs le marbre de ses pieds,
1730 Que de ses bras pressants elle tenait liés
   « Prince, par ces genoux, dit-elle, que j'embrasse,
   Protège en ce moment le reste de ta race,
   Rome dans ton palais vient de voir immoler
   Le seul de tes neveux[2] qui te pût ressembler.
1735 On veut après sa mort que je lui sois parjure ;
   Mais pour lui conserver une foi* toujours pure,
   Prince, je me dévoue[3] à ces dieux immortels
   Dont ta vertu t'a fait partager les autels[4]. »
   Le peuple cependant[5], que ce spectacle étonne*,
1740 Vole de toutes parts, se presse, l'environne,
   S'attendrit à ces pleurs, et, plaignant son ennui*,
   D'une commune voix la prend sous un appui.
   Ils la mènent au temple, où depuis tant d'années
   Au culte des autels nos vierges destinées
1745 Gardent fidèlement le dépôt précieux
   Du feu toujours ardent qui brûle pour nos dieux.
   César les voit partir sans oser les distraire[6].
   Narcisse, plus hardi, s'empresse pour lui plaire.
   Il vole vers Junie, et, sans s'épouvanter,
1750 D'une profane main commence à l'arrêter.
   De mille coups mortels son audace est punie ;
   Son infidèle* sang rejaillit sur Junie.
   César, de tant d'objets[7] en même temps frappé,
   Le laisse entre les mains qui l'ont enveloppé.
1755 Il rentre. Chacun fuit son silence farouche.
   Le seul nom de Junie échappe de sa bouche.
   Il marche sans dessein ; ses yeux mal assurés
   N'osent lever au ciel leurs regards égarés ;
   Et l'on craint, si la nuit jointe à la solitude
1760 Vient de son désespoir aigrir* l'inquiétude*,
   Si vous l'abandonnez plus longtemps sans secours,

---

1. Située sur le forum, près du temple de Vesta ; **2.** *Neveu :* descendant ; voir vers 244 et la note ; **3.** *Se dévouer :* se consacrer par un vœu ; **4.** Auguste, après sa mort, fut divinisé ; **5.** *Cependant :* voir vers 523 et la note ; **6.** *Distraire :* voir vers 400 et la note ; **7.** *Objet :* ce qui se présente à la vue ou à l'imagination

Que sa douleur* bientôt n'attente sur[1] ses jours.
Le temps presse : courez. Il ne faut qu'un caprice,
Il se perdrait[2], Madame.

AGRIPPINE

Il se ferait justice.
1765 Mais, Burrhus, allons voir jusqu'où vont ses transports*.
Voyons quel changement produiront ses remords,
S'il voudra désormais suivre d'autres maximes.

BURRHUS

Plût aux dieux que ce fût le dernier de ses crimes !

---

1. *Sur* : à ; 2. *Se perdre* : se suicider.

QUESTIONS

● Vers 1723-1763. Étudiez la composition du récit et son style par rapport à celui de Burrhus (V, v). La décision de Junie était-elle imprévue ? (Comparez aux vers 1073-1078 et 1615.) On a reproché, à juste titre, à Racine d'avoir commis une erreur historique en faisant entrer Junie chez les Vestales ; mais cette erreur historique est-elle une invraisemblance dramatique pour les spectateurs du XVIIe siècle ? Ne peut-on comparer Junie à une femme qui entre au couvent après avoir perdu celui qu'elle aimait ? — Le sort de Narcisse était-il prévisible ? Pourquoi Racine, qui déforme encore ici la vérité historique, n'a-t-il pas laissé triompher Narcisse ? — La folie de Néron ne confirme-t-elle pas déjà les prédictions d'Agrippine ? A-t-on de la pitié pour lui ? Faut-il craindre qu'il se suicide ? Est-ce le remords qui le bouleverse ainsi ?

● Vers 1764-1768. Commentez l'attitude d'Agrippine à l'égard de Néron et de Burrhus. — Montrez comment Racine a su terminer sa tragédie tout en la laissant ouverte sur l'avenir. — Pourquoi ces paroles d'espoir ne peuvent-elles cependant qu'accroître les sentiments de pitié et de terreur provoqués par le dénouement ?

● Sur l'ensemble de la scène VIII. — En quoi cette scène complète-t-elle le dénouement, conformément aux règles classiques ?

● Sur l'ensemble de l'acte V. — Montrez en quoi ce dénouement est conforme à l'esthétique classique et à la morale (sort des personnages, bienséances, unités).
    — Pourquoi la pièce ne finit-elle pas immédiatement après le récit de la mort de Britannicus ? La tension dramatique ne tombe-t-elle pas dans les scènes suivantes ? Justifiez l'intention qu'a eue Racine en construisant ainsi son dénouement.
    — Ne pourrait-on comparer le mouvement de ces dernières scènes au dénouement d'*Andromaque* ? La dernière image sur laquelle reste le spectateur n'est-elle pas un peu de même nature ?

LES RESTES DU TEMPLE DE VESTA

Ils la mènent au temple, où depuis tant d'années
Au culte des autels nos vierges destinées
Gardent fidèlement le dépôt précieux
Du feu toujours ardent qui brûle pour nos dieux.

(Vers 1743-1746.)

Phot. Giraudon.

FRONTISPICE DE L'ÉDITION DE 1676
par Chauveau (1613-1676).

DOCUMENTATION THÉMATIQUE

réunie par la Rédaction des Nouveaux Classiques Larousse.

1. Coëffeteau et le prince classique.

2. Néron :
   - 2.1. Le monstre naissant ;
   - 2.2. La perversion ;
   - 2.3. Néron contre Agrippine.

3. Le tragique :
   - 3.1. Agrippine ;
   - 3.2. Le scélérat, Narcisse, et l'homme de bien, Burrhus ;
   - 3.3. Britannicus, personnage tragique.

4. Le jugement du public :
   - 4.1. Boursault ;
   - 4.2. Le témoignage de Louis Racine. Les passages supprimés ;
   - 4.3. Le jugement de Voltaire.

1. COËFFETEAU ET LE PRINCE CLASSIQUE

Né en 1754, Nicolas Coëffeteau, aumônier de la reine Marguerite, puis évêque de Marseille, publia une traduction de Florus en 1615, et surtout une *Histoire romaine* qui servit de référence à la plupart des écrivains contemporains et notamment à Racine. Mêlant harmonieusement les talents de traducteur d'Amyot et les usages de la Cour en matière de beau langage, il fut unanimement admiré pour son style, dans lequel Vaugelas, le grand grammairien, voyait une perfection : Coëffeteau, disait-il, est « celui de tous nos écrivains qui a le plus purement écrit, et qui s'est montré le plus religieux à ne jamais user d'un mot ni d'une façon de parler qui ne fût reçue à la Cour ».
Voici quelques extraits du Livre cinquième « contenant ce qui s'est passé de plus mémorable sous l'empire de Néron ». On notera que si l'auteur s'éloigne peu des historiens antiques, il adoucit le personnage de manière à le rendre supportable pour la Cour.

> Après la mort de Claudius, la naissance et la justice donnaient l'empire à son fils Britannicus, jeune prince dont les Romains avaient conçu de grandes espérances, que la cruauté de Néron moissonna en leur fleur. D'un autre côté, l'adoption que Claudius avait faite de Néron semblait aussi lui en donner une juste espérance. Et, quoique ce ne pût être au préjudice de Britannicus, toutefois, l'événement fit voir « que le bruit n'était pas si puissant que les armes et que celui qui a la force à la main trouve toujours le moyen de se faire obéir ».
> Néron foulant donc aux pieds le droit du sang, ravit l'Empire à Britannicus, que les serviteurs de son père abandonnèrent lâchement en cette occasion. Et même la barbarie de Néron passa si avant que, non content lui-même de lui avoir volé un si fleurissant État, il le fit encore inhumainement mourir avec ses sœurs qui semblaient lui reprocher son brigandage et sa perfidie. Mais ce sont les moindres crimes dont ce monstre souilla la dignité. Le ciel le donna en son courroux pour punir les crimes du monde. Et pour montrer que c'était un fruit de la providence irritée par les offenses des hommes, il voulut dès son enfance donner de grands présages de la fureur de son règne. Il vint au monde vers l'aube du jour, et fut soudain environné d'une grande lueur qui ne pouvait procéder des rayons du Soleil, qui n'était pas encore levé ; ce qu'observant, un astrologue qui se trouva à la naissance et considérant l'aspect des astres et la constellation de l'enfant, prédit deux choses remarquables de lui : c'est à savoir « qu'il serait empereur et qu'il ferait mourir sa mère ». Ce qu'entendant, Agrippine, sans s'effrayer autrement d'un sinistre présage, poussée d'une prodigieuse ambition, s'écria : « Qu'il me tue

moyennant qu'il règne! » Mais certes elle eut sujet depuis de se repentir de cette furieuse parole. Domitius, père de Néron, n'observant point le mouvement des cieux pour juger des futures horreurs de sa vie, mais prenant seulement garde à sa naissance, et se figurant qu'il était issu de lui et d'Agrippine, dit franchement qu'« il n'avait rien pu naître de leur mariage que de détestable et de fatal à la République ».

Il avait dix-sept ans quand il prit les rênes de l'Empire. Soudain qu'il parut en public, les soldats des Gardes, corrompus par leur colonel Burrhus, créature de sa mère, le proclamèrent Empereur. Il arriva à quelques-uns de demander où était Britannicus, mais voyant que personne ne s'opposait à Néron, ils se laissèrent emporter au torrent et suivirent l'exemple de leur capitaine. Comme il fut arrivé à l'armée, il fit une harangue accommodée à la façon du temps, et conforme à ce qu'il entreprenait, et pour les gagner de tout point, leur fit de grandes promesses, et leur protesta de ne céder en rien à la bonne volonté que son prédécesseur leur avait portée, et par ce moyen se fit reconnaître Empereur par l'armée qui était toute la force de la République. Les acclamations des soldats furent suivies de l'arrêt du sénat, et l'arrêt du sénat de l'obéissance de toutes les provinces. Il ne tarda guère à faire décerner des honneurs divins à Claudius [...].

Néron s'en alla au sénat, où il protesta solennellement que « n'ayant pris le gouvernement de l'empire que par l'autorité de cette illustre assemblée et par le consentement de l'armée, il voulait choisir une façon de régner dont tout le monde eût sujet de se trouver satisfait ». À quoi il ajouta « qu'il n'apportait point à cette grande dignité une jeunesse imbue des guerres civiles, ou ulcérée des discordes domestiques, mais qu'il y venait exempt de haine et de toute passion de vengeance, qu'il voulait fuir ce qui avait rendu les derniers empereurs odieux [...] ».

Ces protestations suivies de quelques effets furent aussi agréables au sénat qu'elles déplurent à Agrippine, qui vit bien qu'on voulait restreindre et limiter sa puissance. À la vérité son insolence était montée à un tel point qu'il n'y avait plus moyen de l'endurer. Car gouvernant tout au commencement de ce nouveau règne, elle voulut comme le dédier par le sang de Silanus, proconsul de l'Asie, qu'elle fit mourir [...]. Narcisse non plus ne tarda guère à sentir l'aigreur de sa haine. Elle le fit arrêter prisonnier, lui donna une étroite et rigoureuse garde, et après l'avoir réduit à une extrême nécessité lui fit finir la vie par une misérable mort. Néron n'eut point de part à cette violence : au contraire il aimait cet affranchi parce qu'il lui baillait de l'argent pour fournir ses débauches. [...]

En ces commencements donc, Néron se trouvait parmi les débauches des festins, se contentait de boire et de s'enivrer avec ceux de son âge, de danser et de faire l'amour. Mais comme il vit que personne ne réprimait son insolence, et que parmi ses excès le gouvernement de l'État ne laissait pas d'aller bon train, il se figura qu'« en cette grande fortune toutes choses lui étaient permises ». Et certes l'on peut dire qu'il n'y eut jamais Prince de cette qualité au cours de la vie, et du règne duquel on ait vu un si monstrueux changement. À son avènement à l'Empire, il protesta de vouloir suivre les glorieux exemples qu'Auguste lui avait laissés ; et pour montrer que ce n'étaient pas seulement de belles paroles, il ne se présentait aucune occasion de faire paraître sa libéralité, sa clémence et sa courtoisie, qu'il ne l'embrassait passionnément et avec beaucoup de grâce. [...]

Les déportements de Néron furent extrêmement justes et extrêmement populaires au début de son règne : il fit représenter divers spectacles pour récréer le peuple [...]. Il n'oublia pas les spectacles des gladiateurs, mais il n'aimait pas alors voir couler le sang : et pour cette raison il fut le premier qui amena à Rome la façon des jeux Néméens, où l'on disputait le prix de la lutte, de la musique, de la course des chevaux, qui font tous plaisir et tous exercices innocents. Il reçut favorablement les couronnes qui lui furent adjugées pour prix de son éloquence, et en prose, et en vers, et même il voulut qu'elles fussent portées au pied de la statue d'Auguste, comme choses sacrées. Néron passa ainsi sa jeunesse durant que Burrhus et Sénèque eurent une pleine puissance sur ses volontés. Mais il se mit à mépriser leurs conseils et à fouler aux pieds leurs avis, jusques à proposer pour exemple de son règne l'Empire de Caligula, mais il le surpassa de beaucoup en toutes sortes d'insolences et de cruautés.

Cependant le crédit d'Agrippine allait diminuant tous les jours, quoiqu'elle fît tout ce qu'elle pouvait pour maintenir sa puissance. Une jeune affranchie venue de l'Asie, nommée Actée, lui en ôta tout ce qui lui en restait auprès de son fils. Car il devint si furieusement amoureux de cette étrangère qu'il ne pensa plus qu'à la contenter. [...] Ces privautés et ces amours mirent au désespoir Agrippine, qui frémissait de voir que son fils lui donnait pour rivale une affranchie, et pour belle-fille une esclave. Au lieu d'attendre que le repentir ou la jouissance l'en divertissent, elle s'efforça de l'en retirer à force de menaces : mais la honte qu'elle lui pensait faire ne servit qu'à irriter sa passion et à l'embraser davantage. Tellement que de dépit il quitta tout le respect qu'il lui devait, et lui fit connaître qu'il n'avait pas agréable qu'elle se mêlât autant de ses affaires. Comme elle vit que cette voie ne lui succédait pas, elle eut recours aux artifices : elle conjura son fils avec mille caresses de se servir d'elle, et lui offrit son cabinet et son sein pour cacher ce que son âge et sa dignité voulaient être celé. [...]

Néron, pour se venger de ceux qui supportaient l'orgueil de sa mère, chassa Pallas son principal confident, et lui fit tout le dépit dont il se put aviser : cet affront fait à Pallas la mit en fureur, de sorte que parmi les autres plaintes, s'adressant à son fils, elle lui reprocha « que Britannicus, juste héritier de l'Empire qu'il allait souillant par les outrages qu'il faisait à sa propre mère, était en âge de redemander son héritage : qu'au reste, elle n'empêchait point que l'infamie de son infortunée maison ne se découvrît et que même elle voulait bien qu'on sût les artifices de son mariage et de ses empoisonnements ». Et pressant encore de plus près son fils : « Comment, lui disait-elle, c'est moi qui t'ai fait empereur, c'est moi qui t'ai élevé à cette grandeur qui ne t'était point due. Est-ce donc là la reconnaissance de mes bienfaits? Est-ce là le fruit de mes peines ? »

Ce qu'elle disait comme si elle eût pu lui ravir l'Empire aussi aisément qu'elle le lui avait procuré. Mais elle se devait souvenir qu'« après qu'un particulier a mis la puissance souveraine entre les mains d'un autre, il n'en est plus le maître, mais qu'il est lui-même en la pleine disposition de celui qui l'a recueillie, et qui en use souvent contre celui qui la lui a baillée ».

Ces furieux reproches laissèrent un poignant aiguillon dans l'âme de Néron, qui repensa sérieusement à ce qu'elle lui avait dit de Britannicus ; et comme outre cela il eut reconnu l'inclination du peuple en son endroit, il se résolut de le faire mourir. Mais d'autant que son innocence le mettait à couvert des poursuites de la Justice, il eut recours aux fraudes et pratiqua un Tribun pour l'empoisonner par le moyen de cette fameuse sorcière Locuste qui était prisonnière entre ses mains. La première fois le poison n'opéra pas à cause que la nature aida à Britannicus à le rejeter. Néron, fâché de ce qu'ils se servaient d'un poison si faible et si lent, menaça le Tribun, lui commanda de faire périr la sorcière si elle n'en préparait un plus violent. Et là-dessus ils lui promirent de le contenter et de bailler à Britannicus un poison qui le ferait mourir plus promptement que s'il était percé d'un coup d'épée. Ils conduisent si bien cette malheureuse trame qu'ils lui baillent dans de l'eau froide comme il était assis à la table en face de Néron. Soudain qu'il l'eut pris, la parole et la vie l'abandonnèrent sur-le-champ. D'entre les assistants, ceux qui ne savaient rien de l'affaire sortirent tous effrayés de ce désastre.

Les autres qui avaient quelques soupçons du crime de Néron demeurèrent fermes pour considérer sa contenance. Mais sans s'étonner d'un accident qu'il avait prévu, il dit à la compagnie que « ce n'était qu'une syncope du mal caduc dont souffrait Britannicus depuis le berceau et que bientôt la vue, la parole et le sentiment lui reviendraient ». Agrippine, qui vit ce détestable spectacle, ne put celer sa douleur, d'autant qu'elle connut bien que Néron lui avait ôté son appui, et avait jeté les semences et l'exemple des parricides dans lesquels elle craignait à bon droit de se trouver enveloppée.

La nuit suivante, on fit avec peu d'appareil les obsèques de Britannicus. Il fit un tel orage que le peuple crut que c'était un témoignage du courroux du ciel contre l'auteur de ce parricide.

On confrontera ce texte d'une part avec les extraits de Tacite que nous donnons par ailleurs, d'autre part avec la trame de la tragédie. Dans le premier cas, l'on étudiera comment Coëffeteau — pour des raisons de bienséance — adoucit les données des historiens antiques : sur ce point, on rapprochera de Racine. On cherchera enfin à relever les traits qui marquent une volonté d'imitation du style des écrivains latins chez l'historien français.

2. NÉRON

2.1. LE MONSTRE NAISSANT

Tacite, « le plus grand peintre de l'Antiquité ». C'est en ces termes que Racine, dans sa Préface, désigne Tacite. Au fil des rapprochements que nous proposons, on aura loisir, même à travers une traduction, de se rendre compte des qualités littéraires de l'historien latin. Les passages qui suivent proviennent, sauf indication contraire, de la traduction d'Henri Goelzer, publiée aux Éditions des Belles-Lettres.

La perte d'influence d'Agrippine (*Annales*, XIII, 12-13) :

Cependant, l'influence d'Agrippine fut ébranlée peu à peu par l'amour auquel Néron s'abandonna pour une affranchie nommée Acté, et par la confidence où il mit M. Otho et Claudius Senecio, tout jeunes et beaux, Othon, issu d'une famille consulaire, Sénécion, fils d'un affranchi de César. Cet amour, ignoré d'abord, puis vainement combattu par sa mère, s'était insinué profondément à la faveur des plaisirs et de relations équivoques et mystérieuses. Au reste, ceux mêmes des amis de Néron qui étaient plus âgés ne le contrariaient pas ; ce n'était qu'une femme obscure, et les désirs du prince étaient satisfaits sans que personne eût à se plaindre. Car pour son épouse

Octavie, malgré sa noblesse et quoiqu'elle fût d'une vertu éprouvée, il n'avait que de l'aversion, par une sorte de fatalité ou parce que les choses défendues ont plus d'attrait, et il était à craindre que, si l'on contrariait cette fantaisie, il ne se portât à un commerce criminel avec des femmes d'illustres familles. Mais Agrippine, avec toute l'aigreur d'une femme, se plaint qu'on lui donne une affranchie pour rivale, une esclave pour bru ; elle n'attend pas le repentir de son fils ou la satiété, et plus ses reproches étaient outrageants, plus elle allume sa passion. Enfin Néron, dompté par la violence de son amour, dépouille tout respect pour sa mère et s'abandonne à Sénèque. Déjà, un ami de ce dernier, Anneus Serenus, feignant d'aimer lui-même l'affranchie, avait prêté son nom pour voiler la passion naissante du jeune prince ; de cette façon, les secrètes libéralités de Néron à sa maîtresse passaient en public pour des présents de Serenus. Alors Agrippine change de système et emploie pour armes les caresses : c'est son appartement de préférence, c'est le secret qu'elle offre pour cacher des plaisirs que réclament le début de la jeunesse et le comble de la puissance. Elle s'accuse même d'une rigueur hors de saison et ouvre son trésor, presque aussi riche que celui de l'empereur ; naguère sévère à l'excès pour contenir son fils, maintenant, par un retour contraire, s'abaissant exagérément. Ce changement ne fit pas illusion à Néron. D'ailleurs, les plus intimes de ses amis voyaient le danger et le conjuraient de se tenir en garde contre les pièges d'une femme toujours implacable, et alors, en outre, dissimulée. Il arriva que, ces jours-là, Néron fit la revue des ornements dont s'étaient parées les épouses et les mères des empereurs, et choisit une robe et des pierreries qu'il envoya en présent à sa mère, sans lésiner et prenant l'initiative d'offrir les objets les plus beaux, que plus d'une femme avait désirés. Mais Agrippine s'écrie que ce n'était pas l'enrichir d'une parure nouvelle, mais la priver de toutes les autres, et que son fils lui faisait sa part dans un héritage qu'il lui devait tout entier.

Lucien Goldmann, dans *le Dieu caché*, écrit :

Jusqu'ici, Néron a pu tromper les autres, peut-être s'était-il trompé lui-même, par sa vertu apparente. Seule, Agrippine, politicienne rusée, ayant une immense expérience des hommes, avait depuis longtemps compris la réalité. Pour elle, cependant, le problème n'était pas éthique, mais pratique. Il ne s'agissait pas de juger Néron et de le refuser au nom d'une exigence morale, mais d'assurer contre lui sa position menacée. Maintenant, son instinct d'animal politique lui dit que l'enlèvement de Junie a rendu le danger imminent. Le jour se lève sur une situation nouvelle.

> Racine et Tacite : les éléments repris dans l'action, par des
> rappels ou des allusions. On justifiera, au point de vue de
> l'esthétique de la tragédie classique, les omissions de Racine.
> — La lucidité d'Agrippine apparaît-elle aussi nettement dans
> *Britannicus* que dans l'analyse de L. Goldmann ? Pourquoi ?
> Le rôle de la passion chez Agrippine.

2.2. LA PERVERSION

A. SUÉTONE.

> Suétone rappelle un certain nombre de traits qui mettent en
> relief chez Néron non seulement la cruauté et l'absence de
> scrupules, mais une complaisance dans le mal dont on recher-
> chera le correspondant chez Racine. On pensera en particulier
> à son attitude en face de Junie ou à son récit de l'enlèvement
> de la jeune fille.

> Ses parricides et ses meurtres commencèrent par l'assassinat
> de Claude, car s'il ne fut pas l'auteur de ce crime, il en fut du
> moins le complice, et, loin de s'en cacher, à partir de ce
> moment il prit l'habitude de citer un proverbe grec célébrant
> comme un mets divin les cèpes, dont on s'était servi pour
> empoisonner cet empereur. En tout cas, il prodigua toutes
> sortes d'outrages à sa mémoire, soit en paroles, soit en actions,
> lui reprochant tour à tour sa sottise et sa cruauté ; il disait,
> par exemple, qu'il avait cessé de « séjourner » parmi les
> hommes, en jouant sur le mot « morari », dont il allongeait la
> première syllabe. (Suétone, *Vie des douze Césars,* traduction
> d'Henri Ailloud, Éditions des Belles-Lettres.)

Néron voulut ensuite assassiner Britannicus, dont il était jaloux.
Pour cela, il s'adressa à Locuste, une empoisonneuse ; mais celle-ci
ayant donné un poison trop faible qui rendit Britannicus malade,
Néron la fit venir. Il la frappa et lui reprocha d'avoir donné une
médecine au lieu d'un poison :

> [...] Comme Locuste alléguait qu'elle lui en avait remis une
> trop faible dose pour dissimuler un crime si odieux, il dit :
> « Bien sûr, j'ai peur de la loi Julia », et il la contraignit à faire
> cuire sous ses yeux, dans sa chambre, un poison aussi prompt
> que possible et même foudroyant. Ensuite, il l'essaya sur un
> chevreau, mais, comme cet animal avait encore vécu cinq
> heures, il le fit recuire plusieurs fois et présenter à un jeune
> porc ; celui-ci étant mort sur-le-champ, il ordonna de porter
> le poison dans la salle à manger et de le faire boire à Britan-
> nicus, qui dînait avec lui. (*Ibid.*)

Excédé par l'autorité de sa mère et la part qu'elle prenait dans les
affaires de l'État, Néron décida de la tuer aussi. Son imagination
pervertie entrevoyait toutes les possibilités :

> Mais terrifié par ses menaces et par ses emportements, il
> résolut de la faire périr ; par trois fois, il essaya de l'empoi-
> sonner, mais voyant qu'elle s'était munie d'antidotes, il fit
> agencer les lambris de son plafond de telle manière que le jeu
> d'un mécanisme devait les faire tomber sur elle pendant son
> sommeil. (*Ibid.*)

Mais le secret ne fut pas bien gardé. Néron décida alors de faire
construire un bateau qui se disloquerait pour tuer Agrippine :

> Ensuite, feignant une réconciliation, il l'invita par une lettre
> des plus affectueuses à venir célébrer avec lui à Baïes les fêtes
> de Minerve ; là, ayant donné aux commandants des navires
> mission de briser comme par un abordage fortuit la galère
> liburnienne qui l'avait amenée, il prolongea le festin, puis,
> pour son retour à Baules, il lui offrit le navire truqué à la
> place du sien, mis hors d'usage, la reconduisit gaiement, et
> même lui baisa la poitrine au moment de la quitter. (*Ibid.*)

B. Renan et l'Antéchrist.

Après un voyage au Liban et en Palestine, qu'il effectua au cours
de l'année 1861, Renan conçut l'idée d'un ouvrage retraçant l'histoire des premiers chrétiens : encore tout imprégné des lieux mêmes
qui avaient vu se dérouler les événements qu'il retraçait, l'écrivain
augmenta peu à peu l'étendue de son récit. D'une *Vie de Jésus* il
passa ainsi à une *Histoire des origines du christianisme,* publiée de
1863 à 1883. La quatrième partie de son ouvrage s'appelle *l'Anté-
christ :* publiée en 1873, elle retrace les persécutions subies par les
chrétiens sous le règne de Néron.
Nous extrayons deux portraits de l'empereur de cette vaste fresque
philosophique : l'un ouvre en quelque sorte le chapitre, l'autre le
clôt. Entre les deux, Renan fait revivre Néron, poète, amoureux,
cruel : un personnage nuancé qu'il essaie de percer à travers les
récits anciens et sa propre vision de l'histoire et du monde.

◆ Le « monstre naissant ».

> Voici donc le premier véritable portrait de Néron. On sera
> surtout attentif aux explications de Renan sur la folie de
> l'empereur. Tout comme Racine, il prétend nous peindre un
> homme en mutation, au tournant de sa vie. Au « monstre
> naissant » du poète, Renan ajoute la déclaration de la cruauté
> (expression bien giralducienne au demeurant, si l'on se réfère
> à *Electre,* par exemple) : le point de départ est donc le même,
> mais l'analyse est différente. On tentera d'expliquer les raisons
> de ces différences. Pourquoi Racine ne pouvait-il pas présenter
> son personnage de la même manière que Renan (raisons his-
> toriques et littéraires) ?

Néron proclame chaque jour que l'art seul doit être tenu pour chose sérieuse, que toute vertu est un mensonge, que le galant homme est celui qui est franc et avoue sa complète impudeur, que le grand homme est celui qui sait abuser de tout, tout perdre, tout dépenser. Un homme vertueux est pour lui un hypocrite, un séditieux, un personnage dangereux, et surtout un rival ; quand il découvre quelque horrible bassesse qui donne raison à ses théories, il éprouve un accès de joie.

Un peu plus loin, il poursuit :

Ce qu'il y avait de plus horrible était de le voir, par manière de déclamation, jouer avec ses remords, en faire des matières de vers. De cet air mélodramatique qui n'appartenait qu'à lui, il se disait tourmenté par les Furies, citait des vers grecs sur les parricides. Un dieu railleur paraissait l'avoir créé pour se donner l'horrible charivari d'une nature humaine où tous les ressorts grinceraient, le spectacle obscène d'un monde épileptique, comme doit être une sarabande des singes du Congo ou une orgie sanglante d'un roi du Dahomey.

◆ Trois opinions de critiques sur ce point : H. Taine, P. Bénichou et F. Mauriac.

{ On comparera entre elles ces citations et on les appréciera en fonction de l'époque à laquelle elles ont été formulées, et par référence aux textes précédents et à la tragédie.

H. Taine, *Nouveaux Essais de critique et d'histoire* :

Sa galanterie envers Junie est exquise ; il vient de la faire enlever de nuit par violence ; jamais les empressements de la politesse ont-ils mieux couvert les emportements du despotisme ?
Puis tout à coup un regard d'inquisiteur dément ces exagérations de courtoisie ; sans transition, l'interrogatoire commence, si déguisée qu'elle soit, on aperçoit la raide volonté tyrannique ; un mot bref, une menace sourde, une ironie subite et sèche, une tranquille insensibilité contre toute prière ; en voilà assez : sans qu'il ait fait un geste ou lâché une phrase violente, on a reconnu la barbarie native d'un être sans cœur qui est né tyran.

P. Bénichou, *Morales du Grand Siècle* :

Néron aime en Junie sa victime, et son amour est né du spectacle d'une détresse dont il est lui-même la cause ; la rêverie amoureuse qui suit cette première impression est une rêverie de persécution. Dans un caractère comme celui-ci, la vertu aperçue dans l'objet aimé peut en augmenter l'attrait, mais en irritant le désir, et non en exaltant le dévouement. C'est le mécanisme de l'amour courtois, mais interprété au rebours de son sens ordinaire, et comme parodié.

F. Mauriac, *la Vie de Jean Racine* :

> Racine, semble-t-il, ne voit profondément la passion qu'ar-
> rêtée, que refoulée. Il n'en prend conscience que comme d'une
> vague toujours furieuse, toujours vaincue. Il n'y sait voir que
> cette obstination toujours aveugle, cette immense force inutile
> qui se résout en écume...
> Pour Junie et Atalide, elles ne sont palpitantes que devant leurs
> bourreaux : Néron, Roxane. Les héroïnes raciniennes prennent
> corps, prennent vie, en proportion de l'obstacle contre lequel
> leur passion se précipite et se brise.

2.3. NÉRON CONTRE AGRIPPINE

> On rapprochera les passages suivants des *Annales* de Tacite
> et les passages correspondants de la tragédie, indiqués en tête
> de chaque extrait. On étudiera à ce propos le mécanisme de
> l'imitation créatrice, l'un des dogmes de l'esthétique classique.

◆ *Britannicus*, I, ɪ (vers 91 à 110). *Annales*, XIII, 5.

> Les pères étaient convoqués au Palatium pour permettre à
> Agrippine d'assister aux séances ; elle y entrait par une porte
> secrète derrière les sénateurs et séparée d'eux par une tenture,
> qui l'empêchait d'être vue, mais lui permettait de tout entendre.
> Et même un jour que les ambassadeurs d'Arménie plaidaient
> devant Néron la cause de leur pays, elle se disposait à monter
> sur l'estrade de l'empereur et à siéger avec lui, quand Sénèque,
> voyant toute l'assistance paralysée par la crainte, avertit Néron
> qu'il eût à venir au-devant de sa mère. Ainsi, sous prétexte de
> piété filiale, on prévint un scandale.

◆ *Britannicus*, III, ɪɪɪ (vers 832 à 854). *Annales*, XIII, 14.

> Alors Agrippine s'emporte, cherche à effrayer et menace ; elle
> ne se prive même pas de faire entendre au prince que « Bri-
> tannicus n'est plus un enfant, mais le vrai, le digne rejeton
> de Claude, en état d'hériter de l'empire de son père, de cet
> empire qu'un intrus, qu'un adopté n'exerce que pour faire tort
> à sa mère ». Elle ne s'oppose pas à ce qu'on dévoile tous les
> maux de cette famille infortunée et, avant tout, son propre
> mariage et son crime d'empoisonneuse. Heureusement, elle
> et les dieux ont pourvu à ce que vive son beau-fils. Elle ira
> avec lui au camp, et plaise aux dieux qu'on entende d'un
> côté la fille de Germanicus et de l'autre Burrhus, un estropié,
> Sénèque, un banni, réclamer l'un avec sa main mutilée, l'autre
> avec sa langue de professeur, le gouvernement du genre
> humain.

◆ Néron face à Agrippine. Tacite et R. Barthes.

> Comment Racine a-t-il su faire passer au spectateur l'impres-
> sion qu'analyse R. Barthes?

> Le passage suivant de Tacite a-t-il été utilisé par Racine et
> sous quelle forme? Pourquoi?

Mais aucune libéralité n'apaisa le courroux de sa mère : elle
serre Octavie dans ses bras ; elle a de fréquentes et secrètes
conférences avec ses amis ; avare naturellement, elle ramasse
en outre de l'argent de tous côtés, comme pour s'en faire un
moyen ; elle accueille d'un air gracieux tribuns et centurions,
honorant les noms et les vertus des représentants des nobles
familles que Rome possède encore, comme si elle cherchait un
chef et des partisans. Instruit de ces manœuvres, Néron
ordonne de supprimer le poste militaire, qu'elle avait eu autrefois comme femme de l'empereur, sans parler de la garde
personnelle, composée de Germains, qu'il y avait ajoutée
récemment par surcroît d'honneur. (Tacite, *Annales*, XIII, 18.)

Néron veut devenir un homme, il ne peut et il souffre. Cette
souffrance, conformément au principe racinien, est une
souffrance, sinon physique, tout au moins cinesthésique, c'est
la souffrance du lieu. Il y a beaucoup moins un être néronien
qu'une situation néronienne, celle d'un corps paralysé qui
s'efforce désespérément vers une mobilité autonome. Comme
Pyrrhus, c'est essentiellement le Passé qui l'agrippe, l'enfance
et les parents, le mariage même, voulu par la Mère et qui n'a
pu lui donner la paternité, bref la Morale. (Roland Barthes,
Sur Racine.)

3. LE TRAGIQUE

3.1. AGRIPPINE

> On comparera ces textes de Tacite avec les passages de *Britan-*
> *nicus* indiqués en référence.

Britannicus, IV, II (vers 1155 à 1160). *Annales*, XII, 41 :

Ému de ces plaintes, qui étaient pour lui des accusations,
Claude punit d'exil ou de mort les meilleurs éducateurs de
son fils et chargea de sa surveillance des gens choisis par la
marâtre.

Britannicus, IV, II (vers 1180 à 1194). *Annales*, XII, 67 à 69 :

Tous les détails du crime devinrent bientôt si notoires que les
écrivains du temps les ont tous relatés (67). Cependant, on
convoquait le sénat ; les consuls et les prêtres offraient des
vœux pour la conservation du prince, tandis que, déjà sans
vie, on l'enveloppait de couvertures et de pansements, pour
donner à ceux qui s'occupaient de ce soin le temps d'assurer
l'Empire à Néron. Dès l'abord Agrippine, feignant d'être
vaincue par le chagrin et d'être en quête de consolations, tenait
Britannicus embrassé, l'appelait la vivante image de son père

et multipliait les artifices pour l'empêcher de sortir de l'appartement. Elle retint aussi ses sœurs, Antonia et Octavie. Des gardes fermaient par ses soins toutes les avenues du palais, et elle publiait à chaque instant que le prince allait mieux afin de donner bon espoir aux soldats et d'attendre le moment favorable annoncé par les Chaldéens.

3.2. LE SCÉLÉRAT, NARCISSE, ET L'HOMME DE BIEN, BURRHUS

A. L'ABBÉ DU BOS.

On confrontera ce texte de l'abbé Du Bos, *Réflexions critiques sur la poésie et sur la peinture,* avec la tragédie de Racine.

Un événement terrible est celui qui nous étonne et qui nous épouvante à la fois. Or rien n'est moins étonnant que le châtiment d'un homme qui par ses crimes irrite le ciel et la terre. Ce serait l'impunité des grands criminels qui pourrait surprendre : leur châtiment ne saurait donc causer en nous la terreur ou cette crainte ennemie de la présomption, et qui nous fait nous délier de nous-mêmes. La peine due aux grands crimes ne nous paraît pas à craindre pour nous. Nous sommes suffisamment rassurés contre la crainte de commettre jamais de semblables forfaits, par l'horreur qu'ils nous inspirent. Nous pouvons craindre des fatalités du même genre que celles qui arrivent à Pyrrhus dans l'*Andromaque* de Racine, mais non de commettre des crimes aussi noirs que le sont ceux de Narcisse dans *Britannicus*. Un scélérat qui subit sa destinée ordinaire dans un poème n'excite pas aussi notre compassion ; son supplice, si nous le voyions réellement, exciterait bien en nous une compassion machinale ; mais comme l'émotion que les imitations produisent n'est pas aussi tyrannique que celle que l'objet même exciterait, l'idée des crimes qu'un personnage de tragédie a commis nous empêche de sentir pour lui une pareille compassion. Il ne lui arrive rien dans la catastrophe que nous ne lui ayons souhaité plusieurs fois durant le cours de la pièce, et nous applaudirons alors au ciel qui se justifie enfin de sa lenteur à punir.

[...] je suis très éloigné de défendre d'introduire des personnages scélérats dans une tragédie. Le principal dessein de ce poème est bien d'exciter en nous la terreur et la compassion pour quelques-uns de ses personnages, mais non pas pour tous ses personnages. Ainsi le poète, pour arriver plus certainement à son but, peut bien exciter en nous d'autres passions qui nous préparent à sentir plus vivement encore les deux qui doivent dominer la scène tragique, je veux dire la compassion et la terreur. L'indignation que nous concevons contre Narcisse augmente la compassion et la terreur où nous jettent les

malheurs de Britannicus. L'horreur qu'inspirent les discours
d'Œnone nous rend plus sensibles à la malheureuse destinée
de Phèdre; le mauvais effet des conseils de cette confidente que
le poète lui fait toujours donner à Phèdre, quand elle est prête
à se repentir, rend cette princesse plus à plaindre, et ses crimes
plus terribles. Nous craignons de recevoir pareils conseils en
de semblables conjonctures. On peut donc introduire des personnages scélérats dans un poème, ainsi qu'on met des bour-
reaux dans le tableau qui représente le martyre d'un saint :
mais comme on blâmerait le peintre qui dépeindrait aimables
des hommes auxquels il fait faire une action odieuse, de même
on blâmerait le poète qui donnerait à des personnages scélérats
des qualités capables de leur concilier la bienveillance du
spectateur. Cette bienveillance pourrait aller jusqu'à faire
plaindre le scélérat, et à diminuer l'horreur du crime par la
compassion que donnerait le criminel. Voilà ce qui est entièrement opposé au grand but de la tragédie, je veux dire à son
dessein de purger les passions.
Il ne faut point encore que le principal intérêt de la pièce
tombe sur les personnages de scélérats. Le personnage d'un
scélérat ne doit point être capable d'intéresser par lui-même ;
ainsi le spectateur ne saurait prendre part à ses aventures,
qu'autant que ces aventures seront les incidents d'un événement où des personnages d'un autre caractère auront un grand
intérêt. Qui fait une grande attention à la mort de Narcisse
dans *Britannicus ?*

B. VOLTAIRE.

De son côté, Voltaire, dans son *Commentaire sur le « Premier
Discours »* de Corneille, écrit :

Il est certain que nous ne saurions voir un honnête homme
sur notre théâtre sans lui souhaiter de la prospérité, et nous
fâcher de ses infortunes. [Texte de Corneille.]
On ne sort point indigné contre Racine et contre les comédiens
de la mort de Britannicus et de celle d'Hippolyte. On sort
enchanté du rôle de Phèdre et de celui de Burrhus ; on sort
la tête remplie des vers admirables qu'on a entendus :

Et que tout ce qu'il dit, facile à retenir,
De son ouvrage en vous laisse un long souvenir.

[Boileau, *Art poétique*, III, v. 157-158.]

} Pourquoi cette référence à Burrhus? Avez-vous la même
} réaction que Voltaire?

3.3. BRITANNICUS, PERSONNAGE TRAGIQUE

Dans son *Commentaire sur le « Deuxième Discours »* de Corneille,
Voltaire écrit :

Il [Aristote] ne veut point qu'un homme fort vertueux y tombe de la félicité dans le malheur. [Texte de Corneille.]

S'il était permis de chercher un exemple dans nos livres saints, nous dirions que l'histoire de Job est une espèce de drame, et qu'un homme très vertueux y tombe dans les plus grands malheurs ; mais c'est pour l'éprouver, et le drame finit par rendre Job plus heureux qu'il n'a jamais été.

Dans la tragédie de *Britannicus*, si ce jeune prince n'est pas un modèle de vertu, il est du moins entièrement innocent ; cependant il périt d'une mort cruelle. Son empoisonneur triomphe. *Cet événement est tout à fait injuste.* Pourquoi donc *Britannicus* a-t-il eu enfin un si grand succès, surtout auprès des connaisseurs et des hommes d'État ? C'est par la beauté des détails, c'est par la peinture la plus vraie d'une cour corrompue. Cette tragédie, à la vérité, ne fait point verser de larmes, mais elle attache l'esprit, elle intéresse ; et le charme du style entraîne tous les suffrages, quoique le nœud de la pièce soit très petit, et que la fin, un peu froide, n'excite que l'indignation. Ce sujet était le plus difficile de tous à traiter, et ne pouvait réussir que par l'éloquence de Racine.

{ Justification de l'idée d'Aristote, reprise par Corneille ; valeur de l'opinion proposée par Voltaire.

4. LE JUGEMENT DU PUBLIC

4.1. BOURSAULT

Les auteurs qui ont la malice de s'attrouper pour décider souverainement des pièces de théâtre et qui s'arrangent d'ordinaire sur un banc de l'Hôtel de Bourgogne, qu'on appelle le banc formidable, à cause des injustices qu'on y rend, s'étaient dispersés de peur de se faire reconnaître ; et tant que durèrent les deux premiers actes, l'appréhension de la mort leur faisait désavouer une si glorieuse qualité ; mais le troisième, en les ayant vu peu rassurés, le quatrième qui lui succéda semblait ne leur vouloir point faire de miséricorde, quand le cinquième, qu'on estime le plus méchant de tous, eut pourtant la bonté de leur rendre tout à fait la vie. Des connaisseurs, auprès de qui j'étais *incognito*, et de qui j'écoutais les sentiments, en trouvèrent les vers fort épurés. Mais Agrippine leur parut fière sans sujet, Burrhus vertueux sans dessein, Britannicus amoureux sans jugement, Narcisse lâche sans prétexte, Junie constante sans fermeté, et Néron cruel sans malice. D'autres, qui pour les trente sous qu'ils avaient donnés à la porte crurent avoir la permission de dire ce qu'ils en pensaient, trouvèrent la nouveauté de la catastrophe si étonnante, et furent si touchés de voir Junie, après l'empoisonnement de Britannicus, s'aller rendre religieuse de l'ordre de Vesta, qu'ils auraient nommé cet ouvrage une tragédie chrétienne, si on ne les eût assurés que Vesta ne l'était pas. (*Arthémis et Poliante,* 1670.)

} On appréciera les jugements que rapporte Boursault en fonction de l'époque, par référence à votre opinion.

4.2. LE TÉMOIGNAGE DE LOUIS RACINE
LES PASSAGES SUPPRIMÉS

Comme beaucoup d'écrivains, Racine est entouré d'une légende : certains le veulent amical et tendre, d'autres renfermé et détestable. La vérité se trouve probablement entre les deux. Parmi ceux qui ont contribué à créer la « légende dorée du poète », il convient de mettre au premier rang son fils, Louis Racine, qui nous présente un portrait édulcoré de l'auteur tragique, plutôt digne d'un prédicateur que d'un historien ou d'un simple écrivain.

Les *Mémoires* contenant quelques particularités sur la vie et les ouvrages de Jean Racine fournissent des renseignements parfois plus intéressants : témoin ces quelques lignes à propos de *Britannicus,* qui nous permettent de mieux percer les deux génies de Néron : le bon en la personne de Burrhus, le mauvais en celle de Narcisse.

> *Britannicus,* qui parut en 1670, eut aussi beaucoup de contradictions à essuyer, et l'auteur avoue dans sa préface qu'il craignit quelque temps que cette tragédie n'eût une destinée malheureuse. Je ne connais cependant aucune critique imprimée dans le temps contre *Britannicus.* Ces sortes de critiques, à la vérité, tombent peu après dans l'oubli ; mais il se trouve toujours dans la suite quelque faiseur de recueil qui veut les en retirer. Tout est bon pour ceux qui, moins curieux de la reconnaissance du public que de la rétribution du libraire, n'ont d'autre ambition que celle de faire imprimer un livre nouveau ; et dans le recueil des pièces fugitives faites sur les tragédies de nos deux poètes fameux, qu'en 1740 Gissey imprima en deux volumes, je ne trouve rien sur *Britannicus.*
> On sait l'impression que firent sur Louis XIV quelques vers de cette pièce. Lorsque Narcisse rapporte à Néron les discours qu'on tient contre lui, il lui fait entendre qu'on raille son ardeur à briller par des talents qui ne doivent point être les talents d'un empereur :
>
> > Il excelle à conduire un char dans la carrière,
> > A disputer des prix indignes de ses mains,
> > A se donner lui-même en spectacle aux Romains,
> > A venir prodiguer sa voix sur un théâtre...
>
> Ces vers frappèrent le jeune monarque, qui avait quelquefois dansé dans les ballets ; et quoiqu'il dansât avec beaucoup de

noblesse, il ne voulut plus paraître dans aucun ballet, reconnaissant qu'un roi ne doit point se donner en spectacle. On trouvera ce que je dis ici confirmé par une des lettres de Boileau. Ce fut en remarquant combien les vers de *Britannicus* étaient travaillés, qu'il dit pour la première fois ce qu'il a souvent répété : « C'est moi qui ai appris à M. Racine à faire des vers difficilement. »

Ceux qui ajoutent foi en tout au *Bolaeana* croient que Boileau, qui trouvait les vers de *Bajazet* trop négligés, trouvait aussi le dénouement de *Britannicus* puéril, et reprochait à l'auteur d'avoir fait Britannicus trop petit devant Néron. Il y a grande apparence que M. de Monchenay, mal servi par sa mémoire lorsqu'il composa ce recueil, s'est trompé en cet endroit, comme dans plusieurs autres. Je n'ai jamais entendu dire que Boileau eût fait de pareilles critiques ; je sais seulement qu'il engagea mon père à supprimer une scène entière de cette pièce avant que de la donner aux comédiens ; et par cette raison cette scène n'est encore connue de personne. Ces deux amis avaient un égal empressement à se communiquer leurs ouvrages avant que de les montrer au public, égale sévérité de critique l'un pour l'autre, et égale docilité. Voici cette scène, que Boileau avait conservée, et qu'il nous a remise : elle était la première du troisième acte.

BURRHUS, NARCISSE

BURRHUS

Quoi ? Narcisse, au palais obsédant l'Empereur,
Laisse Britannicus en proie à sa fureur,
Narcisse, qui devrait d'une amitié sincère
Sacrifier au fils tout ce qu'il tient du père ;
Qui devrait, en plaignant avec lui son malheur,
Loin des yeux de César détourner sa douleur ?
Voulez-vous qu'accablé d'horreur, d'inquiétude,
Pressé du désespoir qui suit la solitude,
Il avance sa perte en voulant l'éloigner,
Et force l'Empereur à ne plus l'épargner ?
Lorsque de Claudius l'impuissante vieillesse
Laissa de tout l'empire Agrippine maîtresse,
Qu'instruit du successeur que lui gardaient les Dieux,
Il vit déjà son nom écrit dans tous les yeux ;
Ce prince, à ses bienfaits mesurant votre zèle,
Crut laisser à son fils un gouverneur fidèle,
Et qui sans s'ébranler verrait passer un jour
Du côté de Néron la fortune et la cour.
Cependant aujourd'hui, sur la moindre menace,
Qui de Britannicus présage la disgrâce,

Narcisse, qui devait le quitter le dernier,
Semble dans le malheur le plonger le premier.
César vous voit partout attendre son passage.

NARCISSE

Avec tout l'univers je viens lui rendre hommage,
Seigneur : c'est le dessein qui m'amène en ces lieux.

BURRHUS

Près de Britannicus vous le servirez mieux.
Craignez-vous que César n'accuse votre absence?
Sa grandeur lui répond de votre obéissance.
C'est à Britannicus qu'il faut justifier
Un soin dont ses malheurs se doivent défier.
Vous pouvez sans péril respecter sa misère :
Néron n'a point juré la perte de son frère.
Quelque froideur qui semble altérer leurs esprits,
Votre maître n'est point au nombre des proscrits.
Néron même en son cœur touché de votre zèle
Vous en tiendrait peut-être un compte plus fidèle
Que de tous ces respects vainement assidus,
Oubliés dans la foule aussitôt que rendus.

NARCISSE

Ce langage, Seigneur, est facile à comprendre;
Avec quelque bonté César daigne m'entendre :
Mes soins trop bien reçus pourraient vous irriter...
A l'avenir, Seigneur, je saurai l'éviter.

BURRHUS

Narcisse, vous réglez mes desseins sur les vôtres :
Ce que vous avez fait, vous l'imputez aux autres.
Ainsi lorsqu'inutile au reste des humains,
Claude laissait gémir l'empire entre vos mains,
Le reproche éternel de votre conscience
Condamnait devant lui Rome entière au silence.
Vous lui laissiez à peine écouter vos flatteurs,
Le reste vous semblait autant d'accusateurs
Qui, prêts à s'élever contre votre conduite,
Allaient de nos malheurs développer la suite,
Et lui portant les cris du peuple et du sénat,
Lui demander justice au nom de tout l'Etat.
Toutefois pour César je crains votre présence :
Je crains, puisqu'il vous faut parler sans complaisance,
Tous ceux qui comme vous flattant tous ses désirs,
Sont toujours dans son cœur du parti des plaisirs.
Jadis à nos conseils l'Empereur plus docile

Affectait pour son frère une bonté facile,
Et de son rang pour lui modérant la splendeur,
De sa chute à ses yeux cachait la profondeur.
Quel soupçon aujourd'hui, quel désir de vengeance
Rompt du sang des Césars l'heureuse intelligence?
Junie est enlevée, Agrippine frémit;
Jaloux et sans espoir Britannicus gémit :
Du cœur de l'Empereur son épouse bannie
D'un divorce à toute heure attend l'ignominie.
Elle pleure; et voilà ce que leur a coûté
L'entretien d'un flatteur qui veut être écouté.

NARCISSE

Seigneur, c'est un peu loin pousser la violence ;
Vous pouvez tout ; j'écoute, et garde le silence.
Mes actions un jour pourront vous repartir :
Jusque-là...

BURRHUS

      Puissiez-vous bientôt me démentir!
Plût aux Dieux qu'en effet ce reproche vous touche!
Je vous aiderai même à me fermer la bouche.
Sénèque, dont les soins devraient me soulager,
Occupé loin de Rome, ignore ce danger.
Réparons, vous et moi, cette absence funeste :
Du sang de nos Césars réunissons le reste.
Rapprochons-les, Narcisse, au plus tôt, dès ce jour,
Tandis qu'ils ne sont point séparés sans retour.

On ne trouve rien dans cette scène qui ne réponde au reste de la pièce pour la versification; mais son ami craignit qu'elle ne produisît un mauvais effet sur les spectateurs : « Vous les indisposerez, lui dit-il, en leur montrant ces deux hommes ensemble. Pleins d'admiration pour l'un, et d'horreur pour l'autre, ils souffriront pendant leur entretien. Convient-il au gouverneur de l'Empereur, à cet homme si respectable par son rang et sa probité, de s'abaisser à parler à un misérable affranchi, le plus scélérat de tous les hommes? Il le doit trop mépriser pour avoir avec lui quelque éclaircissement. Et d'ailleurs quel fruit espère-t-il de ses remontrances? Est-il assez simple pour croire qu'elles feront naître quelques remords dans le cœur de Narcisse? Lorsqu'il lui fait connaître l'intérêt qu'il prend à Britannicus, il découvre son secret à un traître, et au lieu de servir Britannicus, il en précipite la perte. » Ces réflexions parurent justes, et la scène fut supprimée.

Cette pièce fit connaître que l'auteur n'était pas seulement rempli des poètes grecs, et qu'il savait également imiter les fameux écrivains de l'antiquité. Que de vers heureux, et combien d'expressions énergiques prises dans Tacite! Tout ce que

Burrhus dit à Néron quand il se jette à ses pieds, et qu'il tâche de l'attendrir en faveur de Britannicus, est un extrait de ce que Sénèque a écrit de plus beau dans son traité *Sur la clémence*, adressé à ce même Néron. Ce passage du *Panégyrique de Trajan* par Pline : *Insulas quas modo senatorum, jam delatorum turba compleverat*, etc., a fourni ces beaux vers :

> Les déserts autrefois peuplés de sénateurs
> Ne sont plus habités que par leurs délateurs.

La scène suivante figurait à la représentation et dans la première édition de la pièce, après la scène v (v. 1647) de l'acte V. Racine l'a supprimée « pour qu'on ne vît pas Junie en conversation avec l'assassin de son amant » (R. Picard).

Scène VI. — NÉRON, AGRIPPINE, JUNIE, BURRHUS.

NÉRON, *à Junie*.

> De vos pleurs j'approuve la justice.
> Mais Madame, évitez ce spectacle odieux ;
> Moi-même en frémissant j'en détourne les yeux.
> Il est mort. Tôt ou tard il faut qu'on vous l'avoue.
> Ainsi de nos desseins la fortune se joue.
> Quand nous nous rapprochons, le Ciel nous désunit.

JUNIE

> J'aimais Britannicus, Seigneur : je vous l'ai dit.
> Si de quelque pitié ma misère est suivie,
> Qu'on me laisse chercher dans le sein d'Octavie
> Un entretien conforme à l'état où je suis.

NÉRON

> Belle Junie, allez ; moi-même je vous suis.
> Je vais, par tous les soins que la tendresse inspire,
> Vous...

Quelles raisons voyez-vous d'abord à la première rédaction de *Britannicus :* Que recherchait Racine ? Quel effet pensait-il produire ? — Pourquoi, ensuite, avoir fait ces suppressions ? Votre préférence va-t-elle à la première ou à la seconde version de la pièce ? Pourquoi ?

4.3. LE JUGEMENT DE VOLTAIRE

Racine fut bien vengé, par le succès de *Bérénice*, de la chute de *Britannicus*. Cette estimable pièce était tombée parce qu'elle avait paru un peu froide ; le cinquième acte surtout avait ce défaut, et Néron, qui revenait alors avec Junie, et qui se justifiait de la mort de Britannicus, faisait un très mauvais effet.

Néron, qui se cache derrière une tapisserie pour écouter, ne paraissait pas un empereur romain. On trouvait que deux amants, dont l'un est aux genoux de l'autre, et qui sont surpris ensemble, formaient un coup de théâtre plus comique que tragique ; les intérêts d'Agrippine, qui veut seulement avoir le premier crédit, ne semblaient pas un objet assez important. Narcisse n'était qu'odieux ; Britannicus et Junie étaient regardés comme des personnages faibles. Ce n'est qu'avec le temps que les connaisseurs firent revenir le public. On vit que cette pièce était la peinture fidèle de la cour de Néron. On admira enfin toute l'énergie de Tacite exprimée dans des vers dignes de Virgile. On comprit que Britannicus et Junie ne devaient pas avoir un autre caractère. On démêla dans Agrippine des beautés vraies, solides, qui ne sont ni gigantesques ni hors de la nature, et qui ne surprennent point le parterre par des déclamations ampoulées. Le développement du caractère de Néron fut enfin regardé comme un chef-d'œuvre. On convint que le rôle de Burrhus est admirable d'un bout à l'autre, et qu'il n'y a rien de ce genre dans toute l'Antiquité. *Britannicus* fut la pièce des connaisseurs, qui conviennent des défauts, et qui apprécient les beautés.

Cela est le texte intégral du jugement que Voltaire formula sur la pièce (voir plus loin dans les Jugements). Que peut-on en penser ? Les critiques faites au xviie siècle, celles que Voltaire reprend ; comment pouvaient-elles se justifier, d'après quels critères ?

JUGEMENTS SUR « BRITANNICUS »

XVII° SIÈCLE

Robinet écrivait en vers une gazette généralement bienveillante dans sa critique des pièces nouvelles. Mais il avait écrit un Britannicus *antérieur à celui de Racine; cette rivalité explique le ton, exceptionnel, de ces vers.*

> Et je suis quasi près de croire
> (Mais peut-être m'en fais-je accroire)
> Que je l'ai tout au moins traité
> Avec moins d'uniformité,
> Que, plus libre dans ma carrière,
> J'ai plus varié ma matière;
> Qu'avecque plus de passion,
> De véhémence et d'action,
> J'ai su pousser le caractère
> Et de Néron et de sa mère,
> Qu'en chaque acte, comme on a fait,
> Je ne finis pas le sujet
> Faute de quelques vers d'attente
> Pour joindre la scène suivante,
> Que j'ai tout de même, à mon gré,
> Chaque incident mieux préparé,
> Et qu'étant, dans la catastrophe,
> Un tant soit peu plus philosophe,
> Je ne la précipite point.

Robinet,
Lettre du 21 décembre 1669.

Boursault, auteur de nouvelles historiques, de comédies et de tragédies, mal disposé pour Racine, a raconté la première représentation de Britannicus *dans une nouvelle :* Artémise et Poliante.

Des connaisseurs, auprès de qui j'étais incognito, et de qui j'écoutais les sentiments, en trouvèrent les vers fort épurés; mais Agrippine leur parut fière sans sujet, Burrhus vertueux sans dessein, Narcisse lâche sans prétexte, Junie constante sans fermeté, et Néron cruel sans malice. [...]

Le premier acte promet quelque chose de fort beau, et le second même ne le dément pas; mais au troisième, il semble que l'auteur se soit lassé de travailler; et le quatrième, qui contient une partie de l'histoire romaine, et qui, par conséquent, n'apprend rien qu'on ne puisse voir dans Florus et dans Coëffeteau, ne laisserait pas de faire oublier qu'on s'est ennuyé au précédent, si dans le cinquième la façon dont Britannicus est empoisonné, et celle dont Junie se rend Vestale, ne faisaient pitié.

Boursault,
Artémise et Poliante (1670).

Saint-Évremond, partisan de Corneille, était adversaire de Racine.

Je ne serais pas étonné qu'on y trouvât du sublime. Cependant je déplore le malheur de cet auteur d'avoir si dignement travaillé sur un sujet qui ne peut souffrir une représentation agréable.

Saint-Évremond,
Lettre au comte de Lionne (1670).

XVIIIᵉ SIÈCLE

Le XVIIIᵉ siècle rendit justice avec impartialité à la pièce.

Il est aisé aux moindres poètes de mettre dans la bouche de leurs personnages des paroles fières. Ce qui est difficile, c'est de leur faire tenir ce langage hautain avec vérité et à propos... Ainsi, lorsque Agrippine, arrêtée par l'ordre de Néron, et obligée de se justifier, commence par ces mots si simples :

> *Approchez-vous, Néron, et prenez votre place.*
> *On veut sur vos soupçons que je vous satisfasse,*

je ne crois pas que beaucoup de personnes fassent attention qu'elle commande en quelque manière à l'Empereur de s'approcher et de s'asseoir, elle qui était réduite à rendre compte de sa vie, non à son fils, mais à son maître.

Vauvenargues,
Réflexions critiques sur quelques poètes. Corneille et Racine (1746).

> Racine observe les portraits
> De Bajazet, de Xipharès,
> De Britannicus, d'Hippolyte.
> A peine il distingue leurs traits :
> Ils ont tous le même mérite,
> Tendres, galants, doux et discrets;
> Et l'amour, qui marche à leur suite,
> Les croit des courtisans français.

Voltaire,
le Temple du goût (1733).

Cette estimable pièce était tombée parce qu'elle avait paru un peu froide [...]. Ce n'est qu'avec le temps que les connaisseurs firent revenir le public. On vit que cette pièce était la peinture fidèle de la cour de Néron. On admira enfin toute l'énergie de Tacite exprimée dans des vers dignes de Virgile. On comprit que Britannicus et Junie ne devaient pas avoir un autre caractère. On démêla dans Agrippine des beautés vraies, solides, qui ne sont ni gigantesques ni hors de la nature, et qui ne surprennent point le parterre par des déclarations ampoulées. Le développement du caractère de Néron fut enfin regardé comme un chef-d'œuvre. On convint que le rôle de Burrhus est admirable d'un bout à l'autre, et qu'il n'y a rien de ce genre dans toute l'antiquité. *Britannicus* fut la pièce des connaisseurs, qui conviennent des défauts, et qui apprécient les beautés.

Voltaire,
Commentaires sur Corneille (1764).

XIX° SIÈCLE

Les romantiques n'aimaient pas Racine, symbole du classicisme, à qui ils reprochaient de n'être ni assez sombre ni assez « spectaculaire ».

Si Racine n'eût pas été paralysé comme il l'était par les préjugés de son siècle, s'il eût été moins souvent touché par la torpille classique, il n'eût point manqué de jeter Locuste dans son drame, entre Narcisse et Néron, et surtout n'eût pas relégué dans la coulisse cette admirable scène du banquet, où l'élève de Sénèque empoisonne Britannicus dans la coupe de la réconciliation.

Victor Hugo,
Préface de « Cromwell » (1827).

Le déclin du drame romantique, l'édition érudite du théâtre de Racine par Paul Mesnard (1865), et surtout l'interprétation de Rachel rendent à Britannicus sa place. Les critiques se montrent favorables, en jugeant chacun selon ses préoccupations.

Il y a une singulière beauté dans ce talent de bien dire que n'altèrent point les émotions profondes; on admire Néron qui, tout jeune et comblé de haine, démasque Agrippine avec les raisons les mieux choisies et le dédain le plus poli.

[...] Dans les instants les plus violents, les monarques de Racine se contiennent parce qu'ils se respectent; ils n'injurient pas, ils n'élèvent la voix qu'à demi. Néron n'est plus sophiste et artiste, Agrippine n'est plus prostituée et empoisonneuse comme dans Tacite; tous les mots crus, tous les traits de passion effrénée, toutes les odeurs âcres de la sentine romaine ont été adoucis.

[...] Chez Racine, la vertu n'est point bruyante : Junie refuse la main de Néron sans tirades, du ton le plus modeste, en jeune fille et en sujette, sans se juger héroïque.

H. Taine,
Nouveaux Essais de critique et d'histoire (1865).

Que Néron est bien l'empereur, cet empereur-là, au moment décisif où Racine l'a voulu peindre! que Narcisse est bien le conseiller de crimes, l'esclave intelligent et méchant, en mission de l'enfer auprès d'un tel maître du monde! qu'Agrippine a bien l'ambition ardente et frivole de la femme! que Burrhus enfin exprime bien la tiède sagesse de l'honnête homme de cour et l'impuissante vertu du stoïcien! Junie et surtout Britannicus ne sont que des jeunes gens amoureux, mais c'est ce qu'ils doivent être, et les battements très sincères de ces jeunes cœurs donnent le branle à tout l'ouvrage. On dit que l'amour de Britannicus et de Junie n'est pas romain. Qu'importe, si c'est de l'amour! Cet amour tient peu de place, et il est victorieux. Il empêche Britannicus de dissimuler, il donne le ferment qui révèle Néron, qui fait déborder le monstre encore timide et emprisonné. Il est aussi la première punition d'un tyran : Néron goûtera le supplice de ne pouvoir entièrement dégrader la majesté de l'âme humaine.

> Louis Veuillot,
> *les Odeurs de Paris* (t. IV, 1866).

Racine sait être historien; il a le sens du caractère particulier des hommes en tel lieu et en tel temps. Il sait faire une Athalie qui ressemble par certains côtés à Agrippine, mais qui n'est point du tout une Agrippine. Il sait faire un Mathan qui n'a rien de Narcisse, qui est Hébreu autant que Narcisse est un Romain de la décadence.

Il apporte dans le drame historique ses qualités propres, que lui seul possède à ce degré en France, de connaisseur en choses de l'âme. Il est historien, mais historien moraliste, tandis que Corneille est plutôt l'historien des vues générales.

[...] On cherche les défauts de ce chef-d'œuvre, et l'on doit se résigner à ne point les trouver. C'est une des cinq ou six merveilles du théâtre.

> Émile Faguet,
> *Notices littéraires* (1888).

XXᵉ SIÈCLE

Au début du siècle, la critique est assez nuancée, parfois sévère sinon injuste.

C'est une des pièces les moins bien faites de Racine. Les trois premiers actes sont presque vides d'action, et le dernier est tout à fait misérable. Octavie et Sénèque restent dans la coulisse; Junie est une jeune pleurnicheuse moderne, qui se jette dans un couvent pour les nécessités du dénouement; Britannicus est un sot.

Ces défauts, très visibles à la représentation, ont dû frapper les contemporains, qui sont toujours bien plus sensibles aux petites fautes qu'aux grandes beautés d'une œuvre. L'admirable étude de l'ambition dans le caractère d'Agrippine, cette superbe peinture d'un monstre naissant dans le portrait de Néron, la mâle et éloquente vertu de Burrhus les ont moins touchés que les défaillances du génie de Racine.

> Francisque Sarcey,
> *Quarante Ans de théâtre* (t. III, 1900).

Ce que Racine nous montre ici pleinement, c'est, d'une part, le caractère féminin dans le crime et l'ambition; et c'est, d'autre part, l'action dissolvante du poison de la toute-puissance dans un jeune homme extrêmement vaniteux et qui se pique d'art.

Jules Lemaitre,
Jean Racine (1908).

Raffolez-vous de *Britannicus?* Certes, c'est très bien fait, très bien écrit, mais de ce style oratoire et académique que Taine a défini avec force. Et les sentiments sont élémentaires [...]. Il n'y a dans *Britannicus* ni lyrisme ni pensée.

Paul Souday,
la Revue de Paris (1er août 1925).

La pièce de Racine n'est déjà plus un tableau d'histoire de Lebrun, ordonné, sage, groupant des chefs tranquilles, maîtres d'eux-mêmes [...]. Elle n'est pas encore un tableau de Delacroix.

Daniel Mornet,
Britannicus (1932).

Un monde cruel, peuplé d'êtres passionnés et faibles, entraînés par les fatalités de leur sang [...]. L'impression serait intolérable si Racine n'avait mis tant de délicatesse à peindre son couple de jeunes amoureux, Britannicus et surtout Junie [...]. Si le poète était hanté par de grandes figures ténébreuses, il aimait à leur opposer dans ses rêves de douces et claires images, des beautés jeunes, fragiles et touchantes.

Antoine Adam,
Histoire de la littérature française au XVIIe siècle
(tome III, 1956).

Entre eux [Néron et Britannicus], la symétrie est parfaite : une épreuve de force les lie au même père, au même trône, à la même femme; ils sont frères, ce qui veut dire, selon la nature racinienne, ennemis et englués l'un à l'autre; un rapport magique [...] les unit : Néron fascine Britannicus, comme Agrippine fascine Néron.

Roland Barthes,
Sur Racine (1963).

SUJETS DE DEVOIRS ET D'EXPOSÉS

NARRATIONS :

● Racontez sous une forme objective ou personnelle (lettre d'un contemporain, fragment de journal) la première représentation de *Britannicus*. Insistez surtout sur les réactions du public, en vous inspirant des deux préfaces et des jugements de l'époque rapportés en appendice.

● Imaginez comment un jeune noble romain raconterait à un ami le banquet au cours duquel Britannicus a été empoisonné.

● Décrivez la scène du banquet fatal, telle que l'auraient écrite les romantiques. (Utilisez la *Préface de « Cromwell »* de Victor Hugo, et en particulier la citation qui se trouve dans les Jugements, p. 127).

● Burrhus commente pour Sénèque, « occupé loin de Rome », les événements qui viennent de se produire.

● Donnez, comme professeur d'art dramatique, des indications sur Junie à une jeune comédienne (intérêt du rôle, façon de le jouer, caractère du personnage).

DISSERTATIONS :

● Caractérisez l'imitation de Tacite dans *Britannicus;* montrez en quoi l'attitude de Racine est en accord sur ce point avec la doctrine classique.

● « *Britannicus*, le plus saisissant tableau qu'on ait tracé de Rome impériale » (G. Lanson) : appréciez ce jugement.

● « On a blâmé Racine d'avoir peint sous des noms anciens des courtisans de Louis XIV; c'est là justement son mérite; tout théâtre représente les mœurs contemporaines. » Discutez ce jugement de Taine en l'appliquant à *Britannicus*.

● Pour É. Faguet (1885), *Britannicus* est « une tragédie bourgeoise, une intrigue de cour, une comédie d'alcôve se terminant en drame, à la Zola. Il y a le génie de Racine sur tout cela [...]. Les grands intérêts humains ne sont pas engagés dans cette affaire où personne n'y songe, ni dans la salle ni sur la scène ». Qu'en pensez-vous?

● « *Britannicus* fut la pièce des connaisseurs, qui conviennent des défauts et qui apprécient les beautés », écrivait Voltaire. Commentez ce jugement en vous appuyant sur votre connaissance des théoriciens de l'art classique.

● *Cinna* de Corneille et *Britannicus* de Racine sont deux tragédies de palais, où l'on conspire la mort de quelqu'un : quels effets différents les deux dramaturges ont-ils tiré de ces deux sujets, d'autant plus comparables qu'ils se placent vers la même époque historique?

● « Racine, semble-t-il, ne voit profondément la passion qu'arrêtée, que refoulée. Les héroïnes raciniennes prennent corps, prennent vie, en proportion de l'obstacle contre lequel leurs passions se précipitent et se brisent », écrit F. Mauriac dans ses *Mémoires intérieurs*. Appréciez ce jugement.

● Appliquez à Néron cette remarque de F. Mauriac (*Mémoires intérieurs*) : « Le Désir, voilà son Royaume [...]. L'exigence d'une faim qui tend à l'assouvissement et qui cherche l'issue par le crime. »

● « Dans tout le théâtre de Racine, pas une seule personne n'est convaincue par une autre. Les êtres hésitants, Roxane ou Néron, n'hésitent ni par pitié ni par réflexion, mais par hypocrisie ou par cupidité », écrivait J. Giraudoux (*Littérature*). Qu'en pensez-vous ?

● « En un jour, en quelques heures, dans une action qui ne souffre pas de délai, Racine a marqué tous les pas de Néron dans la carrière du crime », écrivait Nisard. Justifiez cette affirmation.

● Montrez la richesse et la complexité du personnage d'Agrippine. Discutez cette opinion de Nisard : « Malgré l'audace virile que lui a prêtée Racine, malgré l'énergie qui la rend capable de ces crimes où l'on risque sa propre vie, malgré des traits d'habileté politique, la nature féminine se décèle dans Agrippine par un dépit puéril, par des imprudences qui compromettent le succès à peine obtenu, par l'impatience d'abuser du pouvoir avant même de l'avoir reconquis. »

● Comparez l'Agrippine de Racine à la Cléopâtre de Corneille (*Rodogune*).

● « Britannicus est un sot », selon F. Sarcey. Etes-vous d'accord avec lui ?

● Définissez le caractère de Junie et montrez en quoi il peut expliquer son importance dramatique.

● Nuancez ce jugement de L. Dubech : « C'est un fort honnête homme, ce Burrhus, le seul honnête homme parmi cette collection de monstres. Mais il est plus honnête que subtil. »

● Que pensez-vous de cette remarque de J. Giraudoux : une scène « chez Racine, c'est l'explication qui clôt provisoirement une série d'allées et venues de bêtes en fureur » ?

● É. Faguet a dit de *Britannicus* : « C'est un admirable tableau d'histoire fait par un grand moraliste. » Appréciez ce jugement d'après l'étude de la pièce et l'analyse des caractères principaux.

● Expliquez cette phrase de J. Lemaitre : « Le rôle de Néron est, pour une bonne moitié, de l'ironie la plus aiguë. »

● Comparez les effets de la jalousie sur deux personnages raciniens : Néron et Mithridate.

● « Il n'est pas un des personnages de Racine qui interrompe sa terrible aventure et relâche la frénésie qui l'y précipite pour méditer, ou pour chanter, ou pour laisser chanter le poète », écrivait Thierry Maulnier. Qu'en pensez-vous ?

● Expliquez cette phrase d'un critique : « Pour Racine, la naissance d'une tragédie est d'abord une question de sujet, puis de composition, puis de développement. »

● Justifiez, en l'appliquant à *Britannicus*, cette remarque de Th. Maulnier : « Les coups de théâtre agissent toujours dans le sens de la passion directrice, pour y ajouter leur poids, non pour en arrêter ou en changer le cours : en serviteurs, non en facteurs déterminants de l'action. »

● Expliquez et justifiez cette opinion de Le Bidois : « Le quatrième acte a, dans la tragédie de Racine, une très grande importance [...]. Le dénouement ainsi compris occupe donc deux actes : le cinquième et dernier où se couronne sa brutale exécution [...], le quatrième où s'élabore sa germination spirituelle. »

● Expliquez et commentez en l'appliquant à *Britannicus* cette appréciation de Paul Valéry : « Entre tous les poètes, Racine est celui qui s'apparente le plus directement à la musique proprement dite — ce Racine de qui les périodes donnent si souvent l'idée des récitatifs à peine un peu moins chantants que ceux des compositions lyriques... »

● Expliquez et discutez cette opinion de Sainte-Beuve : « En général, tous les défauts du style de Racine proviennent de cette pudeur de goût qu'on a trop exaltée en lui, et qui parfois le laisse en deçà du bien, en deçà du mieux. »

TABLE DES MATIÈRES

IMPRIMERIE HÉRISSEY. — 27000 ÉVREUX.
Dépôt légal : Mars 1971. — N° 49994. — N° de série Éditeur 15421.
IMPRIMÉ EN FRANCE *(Printed in France)*. — 870 141 I-Février 1990.

un dictionnaire de la langue française pour chaque niveau :

NOUVEAU DICTIONNAIRE DU FRANÇAIS CONTEMPORAIN ILLUSTRÉ
sous la direction de Jean Dubois

- 33 000 mots : enrichi et actualisé, tout le vocabulaire qui entre dans l'usage écrit et parlé de la langue courante et que les élèves doivent savoir utiliser à l'issue de la scolarité obligatoire.
- 1 062 illustrations : un apport descriptif complémentaire des définitions et qui permet l'introduction de termes plus spécialisés n'appartenant pas au vocabulaire courant ou ne nécessitant pas d'explication autre que celle de l'image.
- Un dictionnaire de phrases autant qu'un dictionnaire de mots, comme dans l'édition précédente, selon les mêmes principes de description du lexique et du fonctionnement de la langue.
- Le dictionnaire de la classe de français (90 tableaux de grammaire, 89 tableaux de conjugaison).

Un volume cartonné (14 × 19 cm), 1 296 pages.

LAROUSSE DE LA LANGUE FRANÇAISE lexis
sous la direction de Jean Dubois

Avec plus de 76 000 mots des vocabulaires courant, classique et littéraire, technique ou scientifique, c'est le plus riche des dictionnaires de la langue en un seul volume.
Par la diversité de ses informations sur les mots, par la construction raisonnée de ses articles et par son dictionnaire grammatical, c'est un instrument de pédagogie active : il s'adresse aussi à tous ceux qui veulent comprendre le fonctionnement de la langue et acquérir la maîtrise des moyens d'expression.

Nouvelle édition illustrée : un volume relié (15,5 × 23 cm), 2 126 pages dont 90 planches d'illustrations par thèmes.

GRAND LAROUSSE DE LA LANGUE FRANÇAISE
7 volumes sous la direction de L. Guilbert, R. Lagane et G. Niobey; avec le concours de H. Bonnard, L. Casati, J.-P. Colin et A. Lerond

Un dictionnaire unique parce qu'il réunit :
- la description la plus complète du vocabulaire général, scientifique et technique, classique et littéraire, avec prononciation, syntaxe et remarques grammaticales, étymologie et datations, définitions avec exemples et citations, synonymes, contraires, etc.;
- la documentation la plus riche sur la grammaire et la linguistique : près de 200 articles (à leur ordre alphabétique) donnant une analyse détaillée des diverses théories, passées ou actuelles, sur les principaux concepts grammaticaux et linguistiques;
- un traité de lexicologie exposant les principes de la formation des mots et la construction des unités lexicales.

7 volumes reliés (21 × 27 cm).

*GRAND DICTIONNAIRE ENCYCLOPÉDIQUE
10 volumes en couleurs

Avec le G.D.E., vous êtes à bonne école : fondamentalement nouveau et d'une richesse unique, cet ouvrage permet à chacun d'approcher et de comprendre toutes les connaissances et les formes d'expression du monde actuel qui, en moins d'une génération, se sont complètement transformées.

Il est à la fois :

dictionnaire pratique de la langue française
Il définit environ 100 000 mots de vocabulaire et indique la façon de s'en servir, en rendant compte de l'évolution rapide de la langue, il constitue une aide à s'exprimer, un outil de vérification constant par ses explications;

dictionnaire des noms propres
Avec plus de 80 000 noms de lieux, personnes, institutions, œuvres, il rassemble une information considérable sur la géographie, l'histoire, les sociétés, les faits de culture et de civilisation du monde entier, à toutes les époques, en fonction des sources de connaissance les plus récentes et les plus sûres;

dictionnaire encyclopédique
Il présente et éclaire les réalités associées au sens des mots. Ainsi, il renseigne sur les activités humaines, sur les idées, sur le monde physique et tout ce qui participe à l'univers qui nous entoure. Dans toutes les disciplines, les informations encyclopédiques expliquent le domaine propre à chacun des sens techniques, en fonction des progrès de la recherche et des modifications des vocabulaires scientifiques;

... et documentation visuelle
L'illustration, abondante et variée, est essentiellement en couleurs : dessins et schémas, photographies, cartographie, adaptés à chaque sujet. Elle apporte une précision et un éclairage complémentaires à ce grand déploiement du savoir-exploration.

10 volumes reliés (19 x 28 cm), plus de 180 000 articles, environ 25 000 illustrations. Bibliographie.